Liebe Leserinnen und Leser,

in ihrer 1000-jährigen Geschichte wurde die Bürgerstadt Leipzig vor allem als Platz der Messe und des Handels, des Buches, der Universität und der Musik bekannt. Reichtum und Ansehen hat sich »Pleißathen« auch in schweren Zeiten vor allem durch seinen Bürgerfleiß, Bürgerstolz und einen ganz besonderen Bürgersinn erworben. Seit dem 9. Oktober 1989 ist Leipzig auch die Stadt der Friedlichen Revolution. Von hier gingen wesentliche Impulse aus, die dafür sorgten, dass sich die politischen Landkarten Deutschlands und Europas entscheidend veränderten.

Leipzig ist aber auch ein wichtiger Ort der Reformationsgeschichte. Martin Luther hatte durchaus Anhänger in der Stadt, auch als das im albertinischen Sachsen noch gefährlich war. Zu diesen gehörte der Medizinprofessor Heinrich Stromer von Auerbach, Begründer der Schanktradition von »Auerbachs Keller«. In seinem Hause hat Luther 1521 Schutz gefunden, als er heimlich als Junker Jörg von der Wartburg nach Wittenberg geritten ist.

In der Hainstraße, im Haus des Buchdruckers Melchior Lotter, hat der Reformator während der berühmten Leipziger Disputation 1519 gewohnt. Hier besiegelte Luther mit seinem unerschrockenen Ausruf »Auch Konzilien können irren!« den Bruch mit der römischen Kirche, aber auch mit Herzog Georg dem Bärtigen, der fortan zu einem der schärfsten Luthergegner im gesamten Reich wurde.

Eröffnet wurde die Disputation vom Knabenchor des Klosters St. Thomas. Zeitzeugen berichten, dass die später erbittert Streitenden gerührt vom frommen Gesang einhellig weinend auf die Knie gefallen seien. Bald darauf und besonders unter seinem berühmtesten Kantor Johann Sebastian Bach wurde der Thomanerchor zu einem wichtigen Symbol des Luthertums mit seiner besonderen Betonung des gemeinsamen Kirchengesangs. Im Jahr 2012 feierten wir den 800. Geburtstag des Chors, der mit unbestrittener künstlerischer Qualität seit Jahrzehnten Weltgeltung besitzt.

Neben den vielen Lutherstätten hat Leipzig natürlich noch einiges mehr zu bieten. Die reiche Geschichte der Stadt mündet in eine aufregende Gegenwart. Möge die Lektüre dieser überaus anregenden Schrift Sie bei Ihrem Besuch begleiten oder gar zu einem Besuch animieren. Ich wage zu prophezeien, dass es nicht Ihr letzter gewesen sein wird!

Ein herzliches Willkommen!

Ihr Burkhard Jung
Oberbürgermeister der Stadt Leipzig

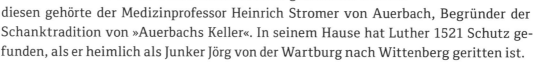

Inhalt

DAS ALTE RATHAUS — *Eines der schönsten Renaissance-bauwerke Deutschlands und stolzes Herz der Leipziger Innenstadt: das 1556 in der Regie des Kaufmanns und Bürgermeisters Hieronymus Lotter erbaute Alte Rathaus.*

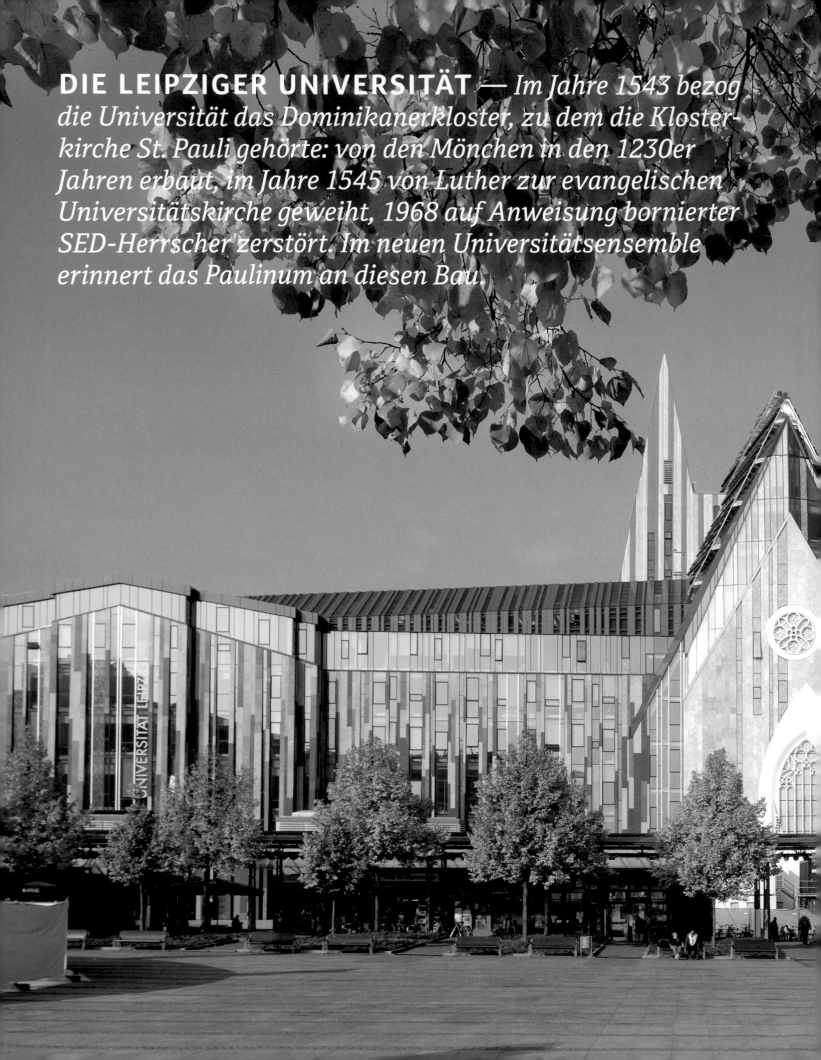

DIE LEIPZIGER UNIVERSITÄT — *Im Jahre 1543 bezog die Universität das Dominikanerkloster, zu dem die Klosterkirche St. Pauli gehörte: von den Mönchen in den 1230er Jahren erbaut, im Jahre 1545 von Luther zur evangelischen Universitätskirche geweiht, 1968 auf Anweisung bornierter SED-Herrscher zerstört. Im neuen Universitätsensemble erinnert das Paulinum an diesen Bau.*

DIE WASSERSTADT — *Leipzig ist durchzogen von mehr als 200 km fließenden Gewässern und besitzt erstaunlicherweise mehr Brücken als Venedig. Es ist heute wieder möglich, die Stadt mit dem Boot zu erkunden und bis ins »Neuseenland« hinauszufahren. Hier wird nach den gewaltigen Zerstörungen durch den Braunkohletagebau erneut das Land geformt, jetzt jedoch im Einklang mit der Natur und deshalb mit hohem Freizeit- und Erholungswert.*

Leipzig entdecken

Mit Messer, Gabel, Löffel

Leipziger Allerlei

Zur Haute Cuisine trug Leipzig nicht viel, jedoch mindestens ein exquisites Gericht bei, und das ist des Probierens wert: das Leipziger Allerlei. Man bekommt es allerdings wegen des relativ hohen Aufwandes nur noch in wenigen Leipziger Restaurants. Das originale Leipziger Allerlei besteht ausschließlich aus frischen Zutaten: Erbsen, Möhrchen, Spargel und Morcheln, dazu Flusskrebse – man kann es also nur im Mai und Juni während der Spargelzeit und außerhalb der Schonzeit für die Flusskrebse auf den Teller bekommen. Es hat absolut nichts mit Gemüsekonserven gleichen Namens zu tun.

Die Gose

Die Gose ist ein helles, obergäriges Bier, dessen Name von seinem Ursprungsort Goslar abgeleitet ist. Hauptlieferant der Gose war seit 1824 die Brauerei des Rittergutes in Döllnitz, die nach dem Zweiten Weltkrieg jedoch geschlossen wurde. Gose war um 1900 das meist getrunkene Bier in der Messestadt und galt regelrecht als Leipziger Bierspezialität. Aber erst 1986 wurde die Gose wieder populär, als die Gosenschenke »Ohne Bedenken« nach der Rekonstruktion neu öffnete. Heute ist auch die Rittergutsgose wieder in über 100 Restaurants erhältlich. Seit dem Jahr 2000 wird zusätzlich in der Gasthausbrauerei am Bayerischen Bahnhof die Leipziger Gose hergestellt und dort auch ausgeschenkt.

▶ www.gosenschenke.de
www.bayerischer-bahnhof.de
www.leipziger-gose.com

Leipziger Lerchen zum Kaffee im Haus zum Arabischen Coffe Baum

Kaffee und Leipzig gehören untrennbar zusammen, gibt es doch hier seit mehr als 300 Jahren den anregenden Trank im Arabischen Coffe Baum, dem ältesten noch bestehenden Kaffeehaus außerhalb der arabischen Welt. Heute isst man gern dazu Leipziger Lerchen. Der Leipziger Exportschlager »Gebackene Feldlerche« verschwand mit dem 1876 ausgesprochenen Verbot der Lerchenjagd in Sachsen. Leipziger Bäcker waren findig und kreierten einen »falschen Vogel« gleichen Namens, ein Mürbteiggebäck mit Marzipanfüllung, dessen Form an ein Vogelnest erinnert. Die einstigen Kreuzbänder zum Zusammenbinden der Vögelfüßchen werden aus Teig geformt und über das Gebäck gelegt.

▶ www.coffe-baum.de

»Wahrhaftig, du hast recht!
Mein Leipzig lob ich mir!
Es ist ein klein Paris,
und bildet seine Leute.«

Johann Wolfgang von Goethe,
Faust – Der Tragödie erster Teil

Auerbachs Keller

Wer in Leipzig nicht Auerbachs Keller besucht hat, der darf nicht behaupten, er habe Leipzig gesehen. Das sagte man schon lange, bevor Goethe mit der Keller-Szene in seinem Faust erheblich zur weltweiten Bekanntheit des Restaurants beigetragen hat. Seit 1525 wird hier Wein ausgeschenkt. Goethe, der in Leipzig 1765/68 Jura studiert hat, war von diesem geheimnisvollen Keller begeistert. Hier empfing er eine wichtige Anregung zur Beschäftigung mit dem Faust-Thema. Seit Errichtung der Mädlerpassage 1913 anstelle von Auerbachs Hof schmücken Mathieu Molitors Bronzefiguren von Faust, Mephisto und den trunkenen Studenten den Eingang zu Auerbachs Keller.

▶ www.auerbachs-keller-leipzig.de

Ein »Luthermenü« im Thüringer Hof

Die einst sehr volkstümliche Wirtschaft wurde 1454 erbaut. 1515 übernahm Heinrich Schmiedeberg, ein Freund Martin Luthers, den Gasthof. Luther war hier oft zu Besuch. Nach der Zerstörung im Zweiten Weltkrieg und dem Wiederaufbau (1949 Erdgeschoss, 1993/96 gesamter Komplex) bietet der gemütliche »Luthersaal« mit historischem Kreuzgewölbe wieder 200 Gästen Platz. Hier kann man u. a. das viergängige »Luthermenü« genießen.

▶ www.thueringer-hof.de

STADTFÜHRUNG

Leipzig gilt als Stadt des Handels, der Musik, des Buches, der Universität ... Der hiesige Buchdruck verhalf den Ideen der Reformation zum Durchbruch. Bachs Musik wurde zu einem Eckstein evangelischer Religiosität. Jedoch über den sprichwörtlichen Leipziger Geschäftssinn war Luther lebenslang erbost.

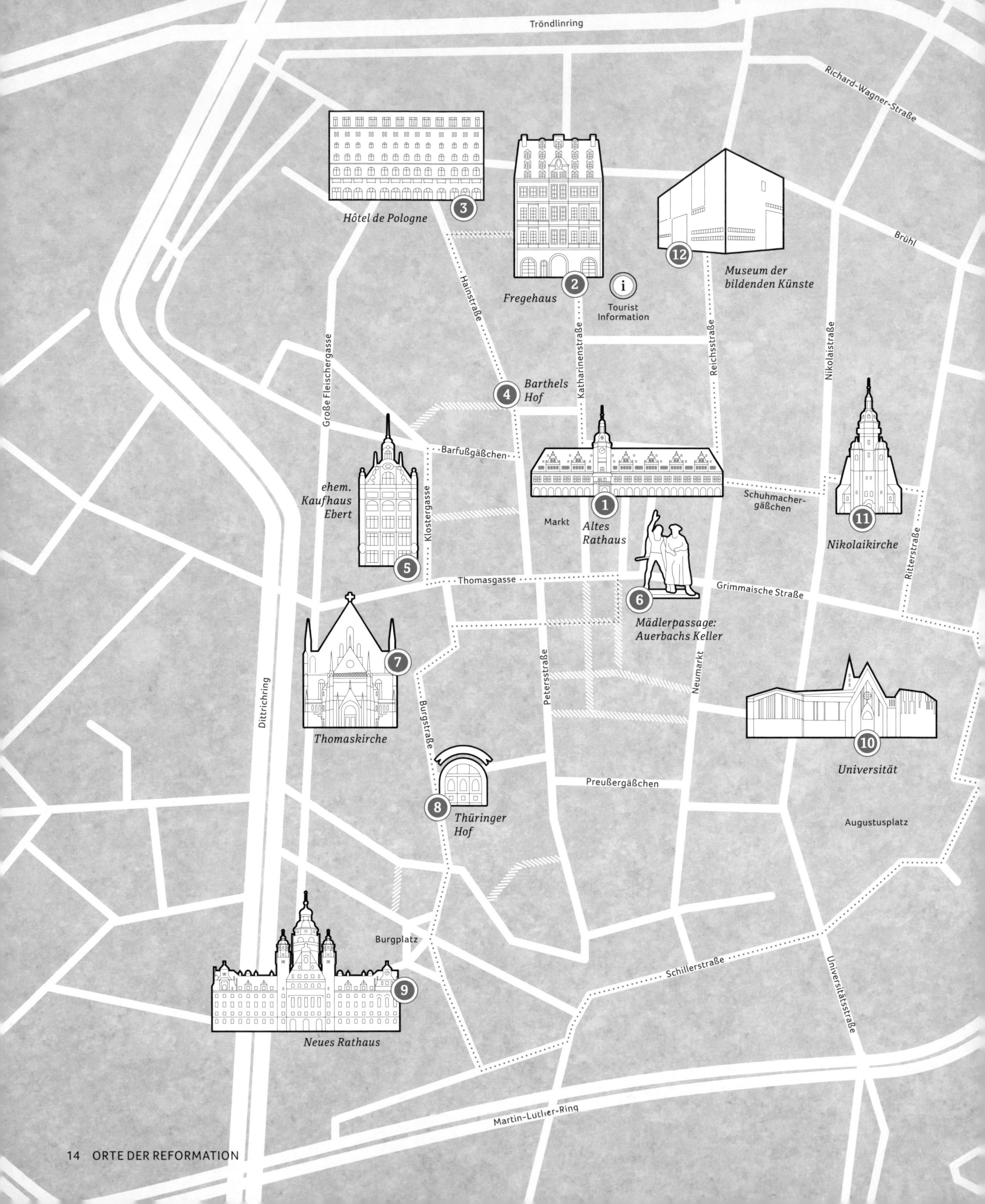

Tröndlinring

Richard-Wagner-Straße

Hôtel de Pologne

3

Fregehaus

2

i Tourist Information

Museum der bildenden Künste

12

Brühl

Hainstraße

Große Fleischergasse

Barthels Hof

4

Katharinenstraße

Reichsstraße

Nikolaistraße

Barfußgäßchen

ehem. Kaufhaus Ebert

Klostergasse

Altes Rathaus

1

Markt

Schuhmachergäßchen

Nikolaikirche

11

Ritterstraße

5

Thomasgasse

6 Mädlerpassage: Auerbachs Keller

Grimmaische Straße

Thomaskirche

7

Burgstraße

Petersstraße

Neumarkt

Universität

10

Dittrichring

Preußergäßchen

Augustusplatz

8 Thüringer Hof

Neues Rathaus

9

Burgplatz

Schillerstraße

Universitätsstraße

Martin-Luther-Ring

Leipzig als Lutherstadt

Ein Rundgang auf den Spuren der Reformation

—

VON ANDREAS SCHMIDT

Wir beginnen unseren Rundgang vor dem Alten Rathaus ❶ auf dem Markt. Seit 1420 gilt er als Hauptmarkt während der Messen und war gleichzeitig Ort der öffentlich vollstreckten Urteile der Halsgerichtsbarkeit. Der Markt wird eindrucksvoll vom Alten Rathaus geprägt. Der Renaissancebau wurde 1556 von Baumeister Hieronymus Lotter errichtet. In der Ständigen Ausstellung des Stadtgeschichtlichen Museums thematisiert eine eigene Abteilung die Reformation. Neben Schriften des Reformators kann man auch den Ehering Katharina von Boras aus dem Jahr 1525 bewundern. Weitere wertvolle Stücke sind der Lutherpokal, den der Reformator 1536 vom Schwedenkönig Gustav I. Wasa erhielt, sowie die Kanzel aus der ehemaligen Johanniskirche, die mit dem lutherischen Bildprogramm geschmückt ist.

Nachdem wir das Alte Rathaus verlassen haben, begeben wir uns in die Katharinenstraße. Hier entstanden im 18. Jahrhundert glanzvolle barocke Bürgerhäuser. Ein Prachtbau ist das Fregehaus ❷ (Katharinenstr. 11). Der wahrscheinlich um 1535 errichtete Kaufmannshof wurde 1706/07 umgebaut. Wir laufen durch den gotischen Eingang und stehen im Innenhof. Hier befindet sich links ein Sandsteinporträt, das oft als »Verspottung Luthers« gedeutet wird. Der ehemalige Haus-

Welche Geschichte das Relief von 1535 erzählt, ist nicht ganz sicher

»Ich komme nach Leipzig,
an einen Ort, wo man die ganze Welt
in kleinen sehen kann.«

Gotthold Ephraim Lessing,
Brief vom 20. Januar 1749 an seine Mutter

◀ S. 16
Das barocke
Fregehaus wurde
auf Mauern eines
gotischen Vorgänger-
baus errichtet und
besticht durch seinen
mit Fruchtgirlanden
verzierten Kasten-
erker. 1905 wäre der
ehrwürdige Bau zu-
gunsten eines Messe-
hauses beinahe
abgebrochen worden

eigentümer dürfte zur großen Zahl der Luthergegner gehört haben, denn es zeigt den Papst und einen
Kaufmann (ihn selbst?) über den gestürzten Luther
triumphierend. Die Ostseite der Katharinenstraße
wurde im Zweiten Weltkrieg zerstört. Ein gelunge-
ner Neubau ist jedoch das 2011 eröffnete Katha-
rinum, in dem sich die Tourist-Information befindet.

Nun spazieren wir zu Kretschmanns Hof (Katharinenstr. 17). Das 1910/12 errichtete Handels-
haus ist ein »Durchhof« und verkürzt die Wege
zwischen zwei Gebäudereihen. Im Lichthof befindet
sich seit 2012 die Installation einer sogenannten
Klangdusche. Sie ist Bestandteil des Wegeleit-
systems »Leipziger Notenspur«
(▶ S. 25). Durch Kretschmanns
Hof gelangen wir in die Hainstraße. Das Haus Nr. 16/18
nannte sich Hôtel de Pologne
③ und wurde auf dem Areal
von drei älteren Häusern errichtet. Das bekannteste war das
Haus »Zum Birnbaum«, in dem
Melchior Lotter, der angese-
henste Drucker der Reformati-
onszeit, wohnte. Lotter beherbergte hier während der Leipziger Disputation 1519 Luther,
Melanchthon und Karlstadt.

In der Hainstraße 1 befindet
sich Barthels Hof ④, der letzte
erhaltene Durchgangshof aus
den Zeiten der Warenmesse. Er
wurde 1747/50 erbaut. Der auf
1523 datierte Sandsteinerker
stammt noch vom Vorgänger-

bau, dem Haus »Zur goldenen Schlange«, und gilt
als das älteste erhaltene Fragment einer Leipziger
Renaissancefassade. Der Ratsherr Hieronymus
Walter, einer von Luthers entschiedensten Gegnern
in Leipzig, wohnte hier.

Wir folgen weiterhin Luthers Spuren, durchque-
ren Barthels Hof auf dem Weg zum Alten Kloster
und befinden uns im Barfußgässchen, benannt
nach dem früheren Kloster der Franziskaner (Bar-
füßer). Hier befindet sich mit dem 1511 erbauten
Zinshaus (Hainstr. 3) nicht nur das älteste Haus der
Stadt, sondern hier schlägt heute auch Leipzigs
Puls. Das Barfußgässchen mit seinen zahlreichen

▼
Das große Stadt-
modell im histori-
schen Festsaal des
Alten Rathauses zeigt
Leipzig im Jahre 1823

Seinen Namen trägt das Hôtel de Pologne, weil 1706 im Vorgängerbau der polnische König Stanislaus I. Leszczyński Quartier bezogen hatte. Es wurde in den vergangenen Jahren aufwändig saniert

Restaurants und Freisitzen ist Bestandteil der Gastronomiemeile »Drallewatsch«. In der angrenzenden Klostergasse 3 stand früher das Wohnhaus des Kaufmanns Heinrich Scherl, der 1540 Gastgeber Luthers war und sich schon früh zur Reformation bekannt hatte. Nach dem Besitzerwechsel Mitte des 18. Jahrhunderts erbaute George Werner 1753/55 auf dem Grundstück das prächtige Rokokopalais »Becksches Haus«. Am Ende der Klostergasse erblicken wir ein eindrucksvolles Geschäftshaus. Es ist das ehemalige Kaufhaus Ebert ⑤, das 1902/04 erbaut wurde und heute Sitz einer Bank ist. Die übertrieben prunkvoll wirkende Vergoldung entspricht dem Originalzustand und ist in Mitteldeutschland einmalig. Einer der Vorgängerbauten war das Kurfürstliche Rentamt, mit dem Martin Luthers nachweislich erster Besuch in Leipzig verknüpft ist. Am 9. Oktober 1512 kam er aus Wittenberg hierher, um 50 Gulden abzuholen, die ihm Kurfürst Friedrich der Weise zur Bezahlung seiner Promotion bewilligt hatte.

Bevor es zur Thomaskirche geht, machen wir einen Abstecher zum weltberühmten Lokal Auerbachs Keller ⑥ (▸ S. 11). Der Medizinprofessor Heinrich Stromer von Auerbach hatte das schon 1438 erwähnte Haus 1519 erworben und ließ 1525 in

dessen Weinkeller einen Ausschank für Studenten einrichten. Neben Melchior Lotter war Stromer einer der zuverlässigsten Freunde Luthers in Leipzig. Anlässlich der Disputation hatte er den Reformator kennengelernt und in seinem Haus bewirtet. Auch bei seiner geheimen, gefahrvollen Durchreise von der Wartburg nach Wittenberg 1521 war Luther, als Junker Jörg verkleidet, bei Stromer zu Gast (▸ S. 40).

Nun begeben wir uns zur Thomaskirche ⑦ (▸ S. 62). Als Herzog Heinrich der Fromme zu Pfingsten 1539 die Reformation im albertinischen Teil Sachsens einführte, war natürlich auch Luther in Leipzig anwesend. Obwohl krank, predigte er sowohl am 24. Mai in der Pleißenburg vor Herzog und Kurfürst als auch am Nachmittag des 25. Mai in der Thomaskirche. An den Reformationsbeginn erinnert heute eine Gedenktafel an einer Säule im Kirchenschiff (▸ S. 49). Weiterhin zeigt eines der großen farbigen Bleiglasfenster aus dem 19. Jahrhundert Martin Luther mit der von ihm übersetzten Bibel. Sehenswert ist auch der restaurierte Flügelaltar, der bis 1968 in der Universitätskirche stand und eine Leihgabe an die Thomaskirche ist. Im Altarraum der Thomaskirche befindet sich seit 1950 das Grab von Johann Sebastian Bach. Der große

Komponist und Thomaskantor wirkte 27 Jahre in Leipzig und schuf hier seine bedeutendsten Werke.

Vom Thomaskirchhof aus gelangen wir zum Thüringer Hof ⑧ (▸ S. 11), der diesen Namen aber erst Mitte des 19. Jahrhunderts erhielt. Während seiner Aufenthalte in Leipzig weilte Luther oftmals in diesem Gasthaus, das seinerzeit seinem Freund Heinrich Schmiedeberg gehörte. In einem Brief an Georg Spalatin berichtet der Reformator, dass ihm Schmiedeberg testamentarisch 100 Gulden vermachte. Eine Kopie dieses Briefes ist im »Thüringer Hof« ausgestellt. Bis auf den heutigen Tag taten die wechselnden Wirte viel für die künstlerische Ausgestaltung des Hauses und erhielten so immer den fast legendären Ruf der Wirtschaft.

Auf dem Burgplatz angekommen, erblicken wir das imposante Neue Rathaus ⑨, das 1899/1905 errichtet wurde. Mit 600 Räumen gehört es zu den größten Rathausbauten der Welt. Es befindet sich auf einem Teil des Grundstücks, auf dem die im 13. Jahrhundert erbaute Pleißenburg stand. Im Sommer 1519 kam es in deren Hofstube zu jenem berühmt gewordenen öffentlichen Streitgespräch zwischen Martin Luther und Johannes Eck. Die sogenannte »Leipziger Kirchenschlacht« wurde am 27. Juni mit einem Got-

tesdienst in der Thomaskirche eingeleitet und endete ein wenig abrupt am 16. Juli 1519. Über Leipzigs Bürger äußerte sich Luther enttäuscht: »Die Leipziger haben uns weder gegrüßt, noch besucht, sondern uns als ihre verhasstesten Feinde gehalten.« Im Innenhof ist der sogenannte »Humanistenerker« vom 1897 abgetragenen Vorgängerbau zu sehen. Der Erker wurde in den Neubau wieder eingefügt und wird umgangssprachlich auch als »Pappenheimer Erker« bezeichnet. Über der Tür im Erkerzimmer befindet sich die Inschrift: »Dem Andenken des kaiserlichen Generals Grafen von Pappenheim. Hierselbst gestorben am 7. November 1632 an den bei Lützen erhaltenen Wunden« (▸ S. 52).

Vom Burgplatz begeben wir uns über die Schillerstraße in Richtung Augustusplatz zur Universität ⑩. Bei seinem letzten Aufenthalt in Leipzig 1545 war Luther beim Universitätsprofessor Joachim Camerarius in der Universitätsstraße zu Gast. Mit einem Gottesdienst und der letz-

ten Predigt Luthers in Leipzig am 12. August 1545 wurde die Klosterkirche St. Pauli zur ersten deutschen Universitätskirche geweiht. Obwohl im Zweiten Weltkrieg nur leicht beschädigt, sprengte die DDR-Führung die Universitätskirche am 30. Mai 1968, um Platz für ein »sozialistisches Ensemble« zu schaffen (▶ S. 68). Der danach entstandene Komplex wich ab 2005 einem zeitgemäßen Gebäude, dessen Herzstück das Paulinum als geistig-geistliches Zentrum ist. Nach dem Entwurf des holländischen Architekten Erick van Egeraat entstand ein spektakulärer Neubau. Heute hat die Universität 14 Fakultäten und über 150 Institute und Einrichtungen, an denen fast 30.000 Studenten studieren.

Wir befinden uns an der Grimmaischen Straße. An deren Eingang befand sich das Grimmaische Tor. Sein Nachfolgebau samt Schuldturm wurde nach 1831 abgebrochen, und wenige Jahre später entstand hier das Café français (dann Café Felsche), das ebenfalls im Zweiten Weltkrieg zerstört wurde.

Wir biegen in die Ritterstraße ein und gelangen zur Nikolaikirche ⑪ (▶ S. 61). Im Hauptgottesdienst am 25. Mai 1539 predigte Justus Jonas hier zu Beginn der Reformationseinführung in Leipzig. In der Kirche befindet sich eine gotische Kanzel aus der

Zeit Luthers, die aus diesem Grund auch die »Lutherkanzel« genannt wird. Von dort hat Luther jedoch nie gepredigt. Aber genau 450 Jahre nach Einführung der Reformation ebneten die Friedensgebete und die sich daran anschließenden Montagsdemonstrationen im Herbst 1989 den Weg zur deutschen Wiedervereinigung. An diese Ereignisse erinnert seit dem 9. Oktober 1999 die nach einer Idee von Andreas Stötzner vom Bildhauer Markus Gläser geschaffene Friedenssäule auf dem Nikolaikirchhof, die sinnbildhaft für das Übergreifen der revolutionären Ideale aus der Kirche in den Stadtraum steht (▶ S. 73).

Nach einem kurzen Fußweg durch das schmucke Schuhmachergässchen, in dem wir das Messehaus Specks Hof und das von einer Pagode bekrönte Riquethaus bewundern, biegen wir rechts in die Reichsstraße ab und gelangen zum Museum der bildenden Künste ⑫ (▶ S. 55), das vom »Leipziger Kunstverein« im Jahr 1837 gegründet wurde. Nach der Zerstörung im Zweiten Weltkrieg und mehreren Interimslösungen wurde der neue Museumsbau am 4. Dezember 2004 auf dem früheren Sachsenplatz eröffnet. Die heutige Sammlung beinhaltet etwa 3.500 Gemälde, 1.000 Skulpturen und 60.000 grafi

sche Blätter; darunter 18 Gemälde von Lucas Cranach d. Ä. und Lucas Cranach d. J. Von den elf ausgestellten Werken ist das »Bildnis Luthers als Junker Jörg« (1521) von Lucas Cranach d. Ä. das wohl berühmteste.

Auch wenn der Reformator seine Differenzen mit der alten Messestadt hatte, Leipzig war und ist eine Lutherstadt! Die Einführung der Reformation bescherte Leipzig einen bedeutenden Aufschwung, denn Martin Luthers reformatorische Bewegung gab der weltoffenen Handelsstadt grundlegende Impulse hin zu einer zukunftsorientierten Bürgerstadt. Dieser durchgängige Wille zum Wandel wirkt bis heute nach und machte Leipzig im Herbst 1989 auch zum Ausgangspunkt der Friedlichen Revolution in Deutschland. •

▶ ANDREAS SCHMIDT
  ist Leiter der Öffentlichkeitsarbeit bei der Leipzig Tourismus und Marketing GmbH und Autor mehrerer Publikationen zur Stadtgeschichte.

RES SEVERA EST VERUM GAUDIUM

Alter Gewandhaussaal 1894/95, Aquarell über Feder von Gottlob Theuerkauf. Im Gewandhaus der Stadt war 1781 der erste deutsche Konzertsaal eingerichtet worden. Senecas Sentenz RES SEVERA VERUM GAUDIUM (»Wahre Freude ist eine ernsthafte Sache«) gilt noch immer als Leitspruch des Gewandhauses

Die Musikstadt Leipzig

*Singendes, klingendes Leipzig.
Stätten der Musikgeschichte
von Weltgeltung*

—

VON DORIS MUNDUS

I
m 19. Jahrhundert war Leipzig unangefochten Deutschlands Musikhauptstadt und galt neben Wien und Paris gar für einige Zeit als das musikalische Zentrum Europas. Hier fand man neben Gewandhaus und Oper zahlreiche Musikverlage, Instrumentenbauer, eine internationale Musikkritik und etliche Dilettantenvereinigungen, die erstklassige Musik boten. Dilettant war damals keine abwertende Bezeichnung; so nannte man Künstler, die ihr Geld nicht mit der Kunst verdienen mussten und diese in durchaus höchster Qualität als Liebhaberei betrieben.

Die Stadt hatte sich 1781 im Messehaus der Tuchhändler einen eigenen Konzertsaal geschaffen – den Gewandhaussaal. Auch das nunmehr dritte Konzerthaus am Augustusplatz trägt nach wie vor diesen Namen. Im Gewandhaus wurden Beethovens *Tripelkonzert* und Schuberts *C-Dur-Sinfonie*, Brahms' *Violinkonzert* und Bruckners *Siebte* uraufgeführt. Im Konzertwinter 1825/26 wurden in Leipzig alle Beethoven-Sinfonien gespielt, auch die gerade 1824 vollendete *Neunte*. Es sollte der einzige Konzertzyklus zu Lebzeiten des Komponisten überhaupt bleiben. Doch die eigentliche Glanzzeit des Orchesters begann erst zehn Jahre später, als der 26-jährige Felix Mendelssohn Bartholdy 1835 dessen Leitung übernahm. Mendelssohn förderte Zeitgenossen wie Liszt und Berlioz, dirigierte Werke Louis Spohrs und Heinrich Marschners, des Dänen Niels W. Gade und des Engländers William Sterndale Bennett. Er veranstaltete »Historische Konzerte« mit Werken von Händel, Gluck und Haydn, von Mozart und Salieri.

Der 1981 eingeweihte Neubau des Leipziger Gewandhauses am Augustusplatz, davor der Mendebrunnen, die älteste und zugleich prachtvollste Brunnenanlage der Stadt

Vor allem aber ist ihm die Renaissance Johann Sebastian Bachs zu danken, Thomaskantor von 1723 bis zu seinem Tod 1750, dem er den Konzertsaal öffnete und das weltweit erste Denkmal stiftete, das noch heute in den Grünanlagen am Dittrichring in der Nähe der Thomaskirche zu besichtigen ist. Im November 1835 erklang zum ersten Mal ein Werk Bachs in einem Konzertsaal: Die 16-jährige Clara Wieck, später verheiratete Schumann, spielte gemeinsam mit Mendelssohn und Louis Rakemann das *Konzert für drei Klaviere und Orchester d-Moll*. Im März 1837 stand Bachs Name erstmals auf einem Programm der Abonnementskonzerte, und im April 1841 erklang zum ersten Mal nach Bachs Tod die Matthäus-Passion wieder in Leipzig, geleitet von Mendelssohn in der Thomaskirche. Im gleichen Jahr hob Mendelssohn Robert Schumanns *Frühlingssinfonie* aus der Taufe und verhalf ihm damit zum Durchbruch als Komponist. Schumann, der seit 1828 zum Studium in Leipzig war, gründete 1834 mit seinem Lehrer und späteren Schwiegervater Friedrich Wieck die »Neue Zeitschrift für Musik«, die die Musikkritik in Deutschland revolutionierte. Im Blatt wurden internationale Musikveranstaltungen besprochen und debattiert. Noch heute überraschen Schumanns Beiträge durch Sicherheit des Urteils, Witz und Klarheit. Es waren Sternstunden der Musikgeschichte: Mendelssohn als Komponist, Dirigent, Pianist und Organisator des Musiklebens, Schumann als Komponist, Pianist, Musikschriftsteller, Kritiker und Redakteur. Noch andere große

Namen stehen für Leipzigs Musik, nicht zuletzt durch das 1843 von Mendelssohn gegründete erste deutsche Konservatorium – älter waren nur die Schulen in Paris und Wien –, das sich rasch zu einer der führenden Ausbildungsstätten in Europa entwickelte und noch heute als Hochschule für Musik und Theater »Felix Mendelssohn Bartholdy« einen hervorragenden Ruf genießt. Bedeutende Künstler unterrichteten neben Mendelssohn und Schumann, u. a. Moritz Hauptmann Musiktheorie, Ferdinand David Violine und Ignaz Moscheles aus London Klavier. In den Gärten um die Stadt wurde sommers Musik gemacht – und das durchaus anspruchsvoll. Diese Konzerte gehörten zu den Vorbildern von Sir Henry Wood für seine erstmals 1895 in London veranstalteten Promenadenkonzerte, die bis heute bestehenden und beliebten »Proms«.

Im Jahr 1813 wurde Richard Wagner in Leipzig geboren und hat hier seine entscheidenden Eindrücke erfahren. Werk und Persönlichkeit Wagners polarisieren bis heute. Seit seinem 200. Geburtstag 2013 hat er nun auch ein entsprechendes Denkmal in seiner Vaterstadt. Ende des 19. Jahrhunderts war Leipzigs Oper unter Angelo Neumann zeitweise die wichtigste deutsche Wagner-Bühne, bis dahin hatten es Wagners Werke in seiner Vaterstadt schwer gehabt. Die Glanzzeit der Leipziger Oper begann 1826 mit der deutschen Premiere von Webers *Oberon*, kurz nach der Londoner Uraufführung. Im Sommer 1833 kam Albert Lortzing nach Leipzig. Neun seiner Opern wurden hier uraufgeführt, darunter

Zar und Zimmermann und *Der Wildschütz*. Ihm verdankt das Musiktheater die klassische deutsche Spieloper, bei Lortzing immer hintergründig und doppelbödig. Eine Revolutionsoper, an der er gemeinsam mit dem Demokraten und Paulskirchenpolitiker, dem Leipziger Theatersekretär Robert Blum, arbeitete, wurde nie aufgeführt. Noch viele weitere Namen sind zu nennen, die Leipzigs Musikleben prägten: Karl Reinecke, Arthur Nikisch, Gustav Mahler, Max Reger, Bruno Walter, Wilhelm Furtwängler, der älteste Musikverlag der Welt: Breitkopf & Härtel, die Klavierbaufirma Julius Blüthner, nicht zu vergessen der berühmte Thomanerchor mit seinen bedeutenden Kantoren, allen voran Johann Sebastian Bach. Die traditionsreiche Klavierbaufirma Blüthner, gegründet 1853, hatte 1910 schon über 80.000 Instrumente in alle Welt verkauft; sie überstand die Weltkriege und die DDR und ist wieder in Familienbesitz.

Heute schmückt sich Leipzig wieder mit dem Attribut Musikstadt – zu Recht?

Zu Recht! Im Jahr 2010 stand Leipzig auf Platz zehn der alljährlichen New York Times-Liste der »31 Places to Go«, und das hatte und hat die Stadt vor allem der Musik zu verdanken. Das jährliche Bach-Fest sowie die Mendelssohn- und Wagner-Festtage ziehen internationale Musiker und ebensolches Publikum nach Leipzig. Die »Notenspur« führt zu allen Plätzen, die Musikliebhaber kennen sollten. Das Gewandhausorchester wird von Riccardo Chailly geführt, Ehrendirigenten sind Kurt Masur und Herbert Blomstedt, die Oper leitet Ulf Schirmer, Univer-

Leipzigs Operntradition beginnt mit der Einrichtung des ersten Opernhauses im Jahre 1693. Sie ist geprägt durch spektakuläre Uraufführungen und das Wirken bedeutender Komponisten, Sänger und Dirigenten. Das jetzige Opernhaus am Augustusplatz wurde 1960 eröffnet

Leipziger Notenspur

Ein 5 km langes Wegeleitsystem verbindet seit 2012 die wichtigsten Orte der reichen musikalischen Tradition der Stadt miteinander. Angelehnt an das von Robert Schumann vertonte Gedicht Eduard Mörikes »Er ist's«, in dem der Frühling sein blaues Band durch die Lüfte flattern lässt, sind Edelstahlintarsien in Form eines wehenden Bandes an den entsprechenden Stellen in den Boden eingelassen.

Dazugehörige Tafeln informieren über den »musikalischen« Ort, an bzw. vor dem man sich befindet. Notenbogen und Notenrad für weiter entfernte Orte ergänzen die Notenspur. Mit acht ausgewählten denkmalgeschützten Gebäuden der Notenspur bewirbt sich Leipzig um die Aufnahme in die deutsche Vorschlagsliste als UNESCO-Weltkulturerbe.

Immer wieder erlebte Leipzig Sternstunden der Musikgeschichte: Bach, Mendelssohn, Schumann und Wagner stehen für eine reiche Tradition, die heute vom Thomanerchor bewahrt und fortgeführt wird.

In der lebendigen Musikstadt gab und gibt es natürlich auch Pop-, Rock-, Beat-, Jazzmusik und überall Gesang. Im Jahr 1997 gründete das seit 1992 bestehende weltweit gefeierte ensemble amarcord, fünf ehemalige Thomaner, das internationale Festival für Vokalmusik »a capella«. Die Mitglieder der Popgruppe Die Prinzen waren ebenfalls fast allesamt Thomaner; der bekannte Schlagersänger Frank Schöbel wäre es fast geworden. Mit der 1958 gegründeten Klaus-Renft-Combo wurde der Beatmusik der DDR in Leipzig der zuweilen steinige Weg bereitet. Auch der Jazz ist allgegenwärtig. Den Jazzclub Leipzig gibt es seit 1973; fast täglich kann man in einem der zahlreichen Liveclubs Jazz hören. Die Leipziger Jazztage, das bedeutendste ostdeutsche Festival für zeitgenössischen Jazz mit internationalen Gästen, finden 2014 schon zum 38. Mal statt. Das Kneipenfestival Honky Tonk® feiert mit 36 Bands auf 27 Bühnen sein 25. Jubiläum. Zu den wichtigsten Namen in der elektronischen Tanzmusik gehört das Leipziger Label Moon Harbour Recordings.

Ob Gewandhaus, Oper, Chöre, Musikverlage und Instrumentenbau oder Jazz-, Beat- und Rockmusik – die Musiktradition war und bleibt in Leipzig eine unerschöpfliche Inspirationsquelle. •

Nach dem fehlgeschlagenen Versuch, Richard Wagner vor etwa hundert Jahren in seiner Geburtsstadt mit einem Denkmal zu ehren, wurde 2013 auf dem erhalten gebliebenen Marmorsockel von Max Klinger eine Wagner-Statue von Stephan Balkenhol aufgerichtet. Der lebensgroße Wagner als junger Mann wirft einen übergroßen Schatten voraus

sitätsmusikdirektor ist der Allround-Musiker David Timm, Thomaskantor ist Georg Christoph Biller. Im Jahr 2012 blickte der Thomanerchor, der weltweit älteste Knabenchor, auf eine 800-jährige Geschichte zurück. Der Chor repräsentiert eines der wichtigsten Kapitel deutscher Musikgeschichte. Um die Lutherkirche herum entsteht am Johannapark zurzeit das »forum thomanum«, ein international ausgerichtetes Bildungszentrum für den Thomanerchor. Es ist eines der innovativsten Projekte der Stadt Leipzig, das auf glückliche Weise die reiche kulturelle, musische, geistige und geistliche Tradition der Bachstadt mit einem Erziehungs- und Bildungsangebot für Kinder und Jugendliche verbindet. Die Lutherkirche wird das Zentrum des entstehenden Campus sein und zugleich als Gotteshaus, Aula, Konzert-, Theater- und Aufnahmeraum genutzt und entsprechend ausgebaut werden. Die Villa Sebastian-Bach-Straße 3, heute Villa Thomana, von der Stiftung Chorherren zu St. Thomas gekauft, wurde für den Thomanerchor saniert; das Alumnat von 1881 wurde ebenfalls saniert, um- und ausgebaut und ist seit 2012 moderner Wohn- und Lernort.

▶ DORIS MUNDUS
   ist Historikerin mit zahlreichen Publikationen zur Leipziger Stadtgeschichte sowie zur sächsischen Landes- und Kulturgeschichte.

800 Jahre St. Thomas zu Leipzig
Ein Gang durch die Geschichte
Hrsg. von Doreen Zerbe

308 Seiten | 13,5 x 19 cm | ca. 20 Abb. | Paperback
ISBN 978-3-374-03345-4   EUR 14,80 [D]

Im Jahr 1212 – der Stauferkönig Friedrich II. hatte gerade den Thron bestiegen – wurde in Leipzig die Thomaskirche samt Kloster (mit Schule und Chor) gegründet. Seitdem war das Gebäude Schauplatz unzähliger bedeutender Ereignisse: Hier wurde 1409 die Leipziger Universität gegründet, hier predigte Luther 1539 und läutete damit die Reformation in Leipzig ein. Hier wirkten im 18. Jahrhundert Johann Sebastian Bach und im 19. Jahrhundert Felix Mendelssohn Bartholdy. Seit 800 Jahren ist die Thomaskirche ununterbrochen als Ort des Glaubens und der Musik weit über Leipzig und Deutschland hinaus präsent.

Sabine Näher
Singen zur Ehre Gottes
Thomaner erinnern sich

Mit Illustrationen
von Martin Petzold

216 Seiten | 13,5 x 19 cm
mit Abb. | Paperback
ISBN 978-3-374-02998-3
                    EUR 16,80 [D]

Der Leipziger Thomanerchor schaut 2012 auf eine 800-jährige ununterbrochene Tradition zurück. Anlässlich dieses Jubiläums kommen ehemalige Thomaner aus acht Jahrzehnten zu Wort. Mit Beiträgen über Georg Christoph Biller, Ludwig Böhme, Ron-Dirk Entleutner, Michael Fuchs, Michael Gläser, Patrick Grahl, Daniel Knauft, Sebastian Krumbiegel, Siegfried Pank, Martin Petzold, Tobias Rosenthal, Christoph Rueger und David Timm.

Tobias Michael Wolff
Die verzauberte Pfeife
Neue Thomanersagen
aus acht Jahrhunderten

Mit Illustrationen
von Anke Eißmann

232 Seiten | 13,5 x 19 cm
7 Illustrationen | Hardcover
ISBN 978-3-374-02988-4
                    EUR 14,80 [D]

Mord in der Thomaskirche? Eine verzauberte Orgel? Ein merkwürdiger Engel? Pünktlich zum 800-jährigen Jubiläum des weltberühmten Thomanerchores verknüpft Tobias Michael Wolff in sieben herzerquickenden Erzählungen Begebenheiten aus der Geschichte mit den typischen Stationen eines Schülerlebens. Satirisches und Ernstes, Fakten und Fiktion vermischen sich zu einem schwungvollen Lesevergnügen.

EVANGELISCHE VERLAGSANSTALT
Leipzig   www.eva-leipzig.de · Bestell-Telefon 0341 7114116 · vertrieb@eva-leipzig.de

Wasserstadt Leipzig

*Wo die wilden Wasser wogen. Eine noch weitgehend
unerkannte Qualität der Großstadt*

VON PETER MATZKE

Leipzig wird vieler Dinge wegen gerühmt. Doch kaum jemand glaubt, dass sich die Stadt mit gut 200 Kilometer Flussläufen, über die etwa 500 Brücken führen, durchaus mit Venedig messen kann. Die Wasserstadt geriet über die Jahrzehnte in Vergessenheit. Vor allem aus drei Gründen kommt sie als solche wieder zunehmend ins Gespräch und wird sich schon in naher Zukunft mehr denn je etablieren: Die Stadt liegt am Zusammenfluss von Pleiße, Elster, Luppe, Parthe und Nahle (Lauer) im Zentrum eines großen Binnendeltas, dessen Kern der heutige Auenwald ist. Schon früh wurde dazu ein System von Mühlgräben angelegt. Fischfang war ein wichtiger Wirtschaftszweig – Flusskrebse sind wesentlicher Bestandteil des berühmten »Leipziger Allerlei« (▶ S. 10). Bis 1864 wurde intensiv geflößt, der Floßplatz in der Südvorstadt erinnert daran. Heute ist es kaum mehr vorstellbar, dass es hier dereinst einen breiten Flusslauf gab und dass in der reißenden Elster während der Völkerschlacht 1813 hunderte Soldaten, unter ihnen der französische Marschall Fürst Poniatowski, ertranken.

Bereits in der zweiten Hälfte des 19. Jahrhunderts wurden wegen des innerstädtischen Platzmangels mehr und mehr Flüsse überwölbt. In den 50er Jahren des folgenden Jahrhunderts verrohrte man die verbliebenen, inzwischen übel duftenden Rinnsale. Flusskrebse gab es da schon lange nicht mehr. Nach und nach werden nun diese urbanen Strukturen für die Stadt zurückgewonnen. Der Verein »Neue Ufer e.V.« ertrotzte Mittel für die Freilegung von Elster- und Pleißenmühl-graben. Wunderschöne neue Areale und Sichtachsen entstanden und werden noch entstehen. Die Arbeiten gehen weiter, ein Stadthafen nahe dem Elsterflutbecken ist in Planung.

Breiten Raum in den städtischen Diskussionen nehmen auch der Karl-Heine-Kanal und seine Fortsetzung bis zur Saale ein. Das vom Industriepionier Karl Heine im Jahre 1856 begonnene Vorhaben diente maßgeblich der Erschließung der Industriereviere Lindenau und Plagwitz. Nach der (unfreiwilligen) Deindustrialisierung und der gründlichen landschaftsgestalterischen Überarbeitung im Zuge eines Expo-2000-Projekts sind die reichlich zweieinhalb Kilometer Kanal heute eines der schönen Industrie- und Kulturdenkmale Leipzigs, bequem zu Fuß und mit dem Fahrrad zu erschließen.

Der Visionär Heine hatte seinerzeit auch den Anschluss an die Saale im Blick. Im Jahre 1933 wurden die Arbeiten wieder aufgenommen, bald mit der Anlage eines imposanten Hafens in Lindenau begonnen. Nach Fertigstellung von elf der geplanten 19 Kilometer wurde der Bau im Kriegswinter 1942/43 eingestellt. Das Teilstück ist heute mit Wasser gefüllt und ein Insidertipp für Ausflügler und Badefreunde. Gegenwärtig verwirklicht die Stadt die Erschließung des Hafenareals und den Durchstich vom Becken zum Karl-Heine-Kanal. Von der Fertigstellung des Gesamtprojekts in den nächsten Jahrzehnten wird geträumt. Dann könnte von der Leipziger Innenstadt bis Hamburg durchgepaddelt werden. Neben der touristischen gibt es freilich bei den zu erwartenden enormen Kosten kaum eine weitere wirtschaftliche Dimension des Vorhabens.

Leipzigs weitverzweigte Gewässer waren einst ein wichtiger Wirtschaftsfaktor und sind heute ein Touristenmagnet. Zwischendurch aber gerieten sie in Vergessenheit. Ihre Wiederentdeckung dauert noch immer an.

Der dritte und gewichtigste Baustein für die Wasserstadt Leipzig ist ihre gesamte Umgebung. Im Südraum entsteht gegenwärtig das »Leipziger Neuseenland«. Hier wurden seit den 1920er Jahren Millionen Kubikmeter Erde umgeschichtet, 70 Dörfer zerstört, 25.000 Menschen umgesiedelt. Die riesigen Tagebaurestlöcher füllen sich gegenwärtig zu 20 Seen, die teilweise mit Kanälen verbunden werden. In den nächsten Jahrzehnten wird auf über 70 Quadratkilometern als Teil des Sächsischen Seenlandes eines der schönsten Erholungsgebiete der Republik entstehen – Produkt einer gewaltigen Landschaftsformung durch den Menschen. Der Cospudener See ist bereits jetzt eines der beliebtesten Naherholungsziele der Stadt, gefolgt vom Markkleeberger See. Von hier aus gibt es eine Schleuse zum Störmthaler See, die 2014 der Nutzung übergeben wird.

An jener Stelle, wo 1978 das 1 000 Jahre alte, 3.500 Einwohner zählende Magdeborn Opfer der Bagger wurde, mahnt seit einigen Jahren die schwimmende Kirche Vineta: Erholung an geschichtsträchtigen und trotzdem neu geschaffenen Orten. •

▶ **PETER MATZKE**
  ist Historiker und Referent im Kulturdezernat Leipzig.

Carl Rudolph Bromme (gen. Brommy), Leipzigs Admiral

Tatsächlich: Erster deutscher Admiral war ein Leipziger. Carl Rudolph Bromme wurde 1804 in Anger bei Leipzig (heute Stadtteil Anger-Crottendorf) geboren. Er wanderte in die USA aus, heuerte dort als Mr. Brommy bei der Handelsmarine an. Wie viele Idealisten beteiligte er sich ab 1827 unter dem Namen Karolos Vrámis am griechischen Freiheitskampf gegen die Osmanen. Anschließend diente er in der Kriegsflotte des neuen Nationalstaates. Nachdem die frisch geschaffene Frankfurter Nationalversammlung 1848 den Aufbau einer Reichsflotte beschlossen hatte, wurde Brommy zum Konteradmiral ernannt und mit dieser Aufgabe betraut. 1849 kam es zum ersten und einzigen Seegefecht von Brommys Marine gegen dänische Blockadeschiffe. Die Schiffe unter Schwarz-Rot-Gold hielten sich tapfer. Trotzdem wurde die stolze Flotte schon 1852 aufgelöst und Deutschlands erster Admiral in den Ruhestand geschickt.

Leipzig, du bist ein böser Wurm

Von Luthers Prophezeiungen
und dem weiteren Gang der Stadtgeschichte

—

VON BERND WEINKAUF

Luther hat's gewusst! Gott konnte es doch nicht zulassen, dass dieses Leipzig, dieser böse Wurm, dieses Sodom und Gomorrha, von wucherischen Geldverleihern und buhlerischen Dirnen beherrscht, dass diese Schande noch länger seiner Schöpfung Hohn spreche. Für 1547 prophezeite Luther der Stadt ein Unglück, für 1552 eine Not und für 1554 ihren Untergang. Im Januar 1547 ist Leipzig drei Wochen lang belagert und beschossen, aber nicht eingenommen worden. Es war der Streit zweier Wettiner Fürsten, worunter die Leipziger litten. Dass es für sie nicht schlimmer kam, lag wohl daran, dass etliche der Feldhauptleute ihre Häuser und Familien in der Stadt hatten, die sie nicht gefährden wollten. Vom Jahre 1552 meldet eine Chronik, *dass die leidige Seuche der Pestilentz und andern anfallenden Kranckheiten sehr viel Menschen und unter denenselben viel vornehme gelehrte und hohe Standes-Personen das Leben gekostet hat.* Und was sagt die Chronik zu 1554? Gleich am Neujahrsmorgen war am Himmel eines der unmissverständlichen Vorzeichen des Untergangs zu sehen: drei Sonnen! Und danach: eine derartige Kältewelle, dass ihretwegen einige vom Neujahrsmarkt zurückreisende Kaufleute unterwegs erfroren. Und dann? Dann stattete der Rat der Stadt seine Stadtpfeiffer mit silbernen Halsschilden aus, auf denen das Stadtwappen prangte. Das klingt – nicht nach Untergang. SOLA GRATIA – die Gnade des Herrn ist größer als all unsere Vernunft. Haben die Leipziger diese, ihre zweite Chance genutzt?

Jedenfalls zeigten sie, dass sie Vertrauen in das Neue hatten. Ihr altes gotisches Rathaus entsprach nicht mehr dem Repräsentationsverlangen der vom Zwischenhandel reich gewordenen Handelsherren. Seit fast fünfzig Jahren profitierte der Messestandort von einem kaiserlichen Privileg, Stapelrecht genannt. Alle Handelsgüter, die eine Region im Radius von 15 Meilen, reichlich 100 Kilometer, um Leipzig passierten, mussten hier auf dem Markt *auf Stapel gelegt,* also zum Verkauf angeboten werden. Die Leipziger »Pfeffersäcke«, so nannte man die gewieften Kaufleute, kauften davon, was sie mit beträchtlichem Aufschlag weiterverkaufen konnten. Das bringt Prozente! Der Erfolg sollte sich zeigen im Bild der Stadt. Die Welt sollte staunen. Und sie staunte, dass 1556 zwischen zwei Messen, vom Februar bis zum November, das alte Rathaus niedergelegt und ein neues aufgerichtet war. Die welterfahrenen Herren des Handels und der Stadt hatten in Italien, Frankreich und in den Niederlanden Bauwerke bewundert, deren Schönheit antiken Vorbildern folgte und von bürgerschaftlicher Stärke kündete:

Prophetia Doctoris Martini de Lipsia, notata a Thoma Chunat diacono in Grim, olim Martini famulo: *»O Leipzig, du boser wurm! Dich wird ein grosses vngluck vbergehen von wegen deiner hurerey, hoffart vnd des wuchers halben. Du bist erger dan Sodoma und Gomorra, darumb wird dich Gott gräulich straffen. Ich wils aber nicht erleben; die schuller auff der gaßen werdens erleben. Ym 47 sol es ein gros vngluck vbergehen, im 52 sol es not leyden, im 54 sol Leipzig eine stad gewesen sein. Gedenckt doran; es wird mir nicht felen. Wolt Gott, sie besserten sich!«*

Thomas Kunat, Famulus Luthers,
seit 1528 Diakon, dann Superintendent in Grimma,
gest. 1570 in Schmölln; Luthers Tischreden 5/5633

Renaissance! Alle Fäden für den Bau waren bei Hieronymus Lotter zusammengelaufen, einem Nürnberger, der es verstand, den Bau so zu organisieren, dass das richtige Material im richtigen Augenblick zum richtigen Gewerk kam. Eine Fähigkeit, die auch heute noch beim Bau durchaus geschätzt wird.

Ja, die Messen bildeten das scheinbar unerschütterliche Fundament für alles, was Leipzig groß gemacht hat. Für die Universität waren sie ein Argument, hier ihren Platz zu finden, nachdem Querelen zwischen böhmischen und deutschen Landsmannschaften in Prag den akademischen Frieden gestört hatten. Zunächst zerstreut in allerlei Gebäuden untergebracht, fand die Alma Mater eine Heimstatt im Kloster der Dominikaner. Die von Luther ausgelöste Reformation der Kirche war zu Pfingsten 1539 auch endlich in Leipzig verkündet worden. In der Folge verließen die Mönche die Stadt oder konvertierten, und der Landesherr eignete sich das Kloster an und überließ es seiner Universität. Das hat Luther noch erlebt, und am 12. August 1545 weihte er die evangelische Universitätskirche St. Pauli mit einer Predigt zu Lukas 19,41–44: *Und als er nahe hinzu kam, sahe er die stadt an und weinete über sie, Und sprach: Wenn du es wüstest, so würdest du auch bedencken zu dieser deiner zeit, was zu deinem friede dienet. Aber nun ist es vor deinen augen verborgen. Denn es wird die zeit über dich kommen, daß deine feinde werden um dich und deine kinder mit dir eine wagenburg schlagen, dich belägern und an allen orten ängsten, und werden dich schleiffen, und keinen stein auf dem andern lassen; darum daß du nicht erkennet hast die zeit, darinnen du heimgesucht bist.* Das passt zu Luthers Rochus über das sächsische Sodom und Gomorrha. Die am 30. Mai 1968 diese Kirche mit brutalem Vorsatz zerstörten, hätten es beim Apostel Lukas erfahren können, dass sie ihre Zeit nicht erkannt hatten.

Als Luther 1519 zur Disputation (▸ S. 36) in Leipzig war und die Kirche besuchte, haben die Dominikaner eilends das Altargerät abgeräumt, damit es durch Luthers Ketzerblick nicht entweiht werde. Als die letzten von ihnen Leipzig verlassen hatten, ließen sie einen Schatz zurück: den Schatz ihrer gelehrten Bücher. Dem Rektor der Universität, Caspar Borner, ist es zu danken, dass die Sammlung unikaler Handschriften nicht auseinandergerissen oder, schlimmer noch, vernichtet worden ist. Auch aus anderen säkularisierten Klöstern trug er die Bücher zusammen, die heute den wichtigsten Teil des Fundus an mittelalterlichen Handschriften der Universitätsbibliothek ausmachen. Zu der Zeit hatte der Buchdruck schon in Leipzig Einzug gehalten. Noch war Druckerei ein mobiles Handwerk, der Drucker konnte seine Presse auf einen Wagen laden und dort arbeiten, wo Bücher gebraucht wurden. An der Universität herrschte Hunger nach Büchern mit den neuen Gedanken. Luthers Schriften kurbelten den Umsatz an. Was man später einmal stolz »Hauptstadt des deutschen Buchhandels« nennen sollte, hat so angefangen.

Die Stadtpfeiffer auf dem Titelblatt eines Notenbuchs von Johann Hermann Schein, der einhundert Jahre vor Bach Thomaskantor war

Die schwedische Besatzung, die bis 1650, noch zwei Jahre nach dem Ende des Dreißigjährigen Krieges, das Kommando in der Stadt führte, hatte dem Drucker und Buchhändler Timotheus Ritzsch anbefohlen, ein Tagesbulletin herauszugeben. Damit verdiente er nicht nur aktuell Geld, er erwarb zudem die notwendigen Fähigkeiten, Verbindungen und Techniken, solch eine Unternehmung auch nach dem Kriege zu praktizieren: Mit dem Blatt »Neueinlaufende Nachricht von Kriegs- und Welthändeln« trat am 1. Januar 1660 die erste Tageszeitung auf den Plan. Den titelgebenden Kriegshändeln hatte Leipzig allerdings nichts Vorteilhaftes abzugewinnen. Anders als viele andere Städte im Lande war sie zwar nicht niedergebrannt worden, aber ausgeplündert bis auf den letzten Abendmahlskelch. Leipzig war so pleite, dass die Finanzen von der kurfürstlichen Kanzlei in Dresden verwaltet wurden. Langsam, sehr langsam erholte sich die Stadt, ebenso langsam kam das Messegeschäft wieder in Gang.

Die Geschäfte wurden in einem Provisorium, einer hölzernen Bude auf dem Markt, getätigt. Anderswo kündeten Börsenhäuser von Macht und Reichtum der Kaufmannschaft. Sollte Leipzig wieder auf die Beine kommen, durfte man hinter der Konkurrenz nicht zurückstehen. Die Überzeugungskraft von dreißig Handelsherren bewirkte, dass es aus Dresden Geld für den Bau gab – für einen sensationellen Bau. Neben dem Rathaus, der Geometrie und dem Goldenen Schnitt verpflichtet, entstand ein Gebäude ganz neuen Typs. Sogar ein neues Wort musste dafür gelernt werden: Barock. Die Leipziger Börse: eine mit Blumen- und Fruchtgirlanden verzierte Fassade, fast nur noch aus Fenstern bestehend, ein Flachdach, darauf griechische Götter anmutig posierend und ein mit Deckengemälde und Stuckornamenten geschmückter Saal. Die europäische Konkurrenz staunte, die Messe, Leipzig war gerettet. Wieder einmal.

Musik ist dem Handel förderlich. Zu Festlichkeiten hörte man die Stadtpfeiffer im Rathaussaal, in den Kaffeehäusern musizierte manch ein Collegium musicum, aber auch Thomaskantor Bach. 1743 engagierten sechzehn kunstsinnige Herren ebensoviele Musiker für ihr Kaufmännerkonzert, bei dem sie sich mit ihren Familien, Freunden und Kunden in regelmäßigen Abständen zusammenfanden. Der Saal im Brühlgasthof »Zu den drey Schwanen« bot dann nicht mehr genug Platz, aber im städtischen

> »Leipzig, die Stadt, wo
> so viele wirksame Fremd-
> linge mit dem Stabe in
> der Hand hereinkamen,
> und durch Talent, Fleiss
> und Segen Gottes Tonnen
> Goldes erwarben.«

Christian August Clodius, 1779

Gewandhaus stand die Etage leer, die Tuchhändler nicht mehr zur Inspektion mechanisch gewebter Stoffbahnen benötigten. Hier ließ Bürgermeister Carl Wilhelm Müller einen ganz aus Holz bestehenden Saal hineinbauen. Die »Schachtel in einer Schachtel«, wie man bald anerkennend sagte, gewährleistete eine himmlische Akustik. Seit 1781 sprach man vom »Großen Concert«, doch bald schon von den Gewandhauskonzerten – und so heißen sie auch heute noch. Das namengebende Gebäude ist in den 1890er Jahren zum »Städtischen Kaufhaus«, dem ersten Mustermessehaus der Welt, umgebaut worden, aber der Name Gewandhaus blieb. Der Neubau aus den 1880er Jahren, den die Bomben des Zweiten Weltkriegs demolierten, hieß so und auch der Neubau von 1981, in dem noch heute die Konzerte aufgeführt werden.

Zum ersten gesellten sich in kurzer Zeit weitere Messehäuser, ja Messepaläste, wie man gern selbstbewusst betonte. In den 1920er Jahren bestimmten sie maßgeblich das Aussehen der Innenstadt, von deren historischem Ursprung nur noch das Straßennetz kündete. Noch heute gelten Messebauten wie Specks Hof oder die Mädlerpassage als architektonische Kostbarkeiten. Wenngleich die Werbung jener Zeit prahlte: *Die Leipziger ist die einzige Messe, die sich eine eigene Stadt hält,* hat sie inzwischen die Stadt verlassen und präsentiert sich groß und gläsern an ihrem Rande.

Immer wieder waren es Kriege, die Zäsuren in die Stadtgeschichte frästen. Immer wieder erlebte Leipzig nach diesen Verheerungen einen Aufschwung. Als Goethe 1765, kurz nach dem Siebenjährigen

Krieg, zum Studium hierher kam, war er begeistert vom modernen Bild der Messestadt. Bei allem Elend, das die Völkerschlacht 1813 angerichtet hatte – danach sprengte Leipzig endgültig seine mittelalterlichen Grenzen: Der Augustusplatz mit den Prachtbauten von Universität, Postamt, Bildermuseum und Theater mutete »weltstädtisch« an.

Auf diesen Platz waren im Herbst 1989 die Blicke der Welt gerichtet. Aus der Nikolaikirche kamen Leipziger von den Friedensgebeten hierher, hier wurde über den friedlichen Wandel disputiert, hier begannen die Demonstrationszüge rings um den historischen Stadtkern. Hier erhielt die Geschichte Leipzigs, Deutschlands, ja die Weltgeschichte eine tiefgreifende Zäsur. Und diesmal endlich aus einem friedfertigen Grunde. •

Die Universitäts-bibliothek »Albertina«, die seit 1944 zum größten Teil nur als Ruine existierte, hat 2002 nach zehnjähriger Rekonstruktion ihre Schönheit und Würde zurückerhalten. Die Uraltbestände früherer Klosterbibliotheken können nun wieder angemessen aufbewahrt und wissenschaftlich genutzt werden

▶ BERND WEINKAUF
lebt als Schriftsteller in Leipzig und hat diverse Publikationen zur Kulturgeschichte der Stadt vorgelegt.

Des Schloß.   S.THOMAS.   Der Mar...

S. PETER.

Wasserkunst.   Ein Schermügel.

S. Peters Thor.

Verbrandte Vorstedt.

Des Thumbhirn Leger.

Des Graffen von Oldenburgh Leger.

»Wahrhafftige abconter-
feyung der Stadt Leipzig …«.
Holzschnitt, vermutlich
von Hans Krell. Der vergeb-
lichen Belagerung Leipzigs
vom 6. bis 27. Januar 1547

durch Kurfürst Johann
Friedrich während des
Schmalkaldischen Krieges
verdanken wir eine der
ältesten zeitgenössischen
Ansichten der Stadt über-

haupt. Die Vogelschau-
perspektive zeigt die
befestigte Stadtanlage
vom Süden und Osten,
wo sich die besten
Angriffspunkte befanden

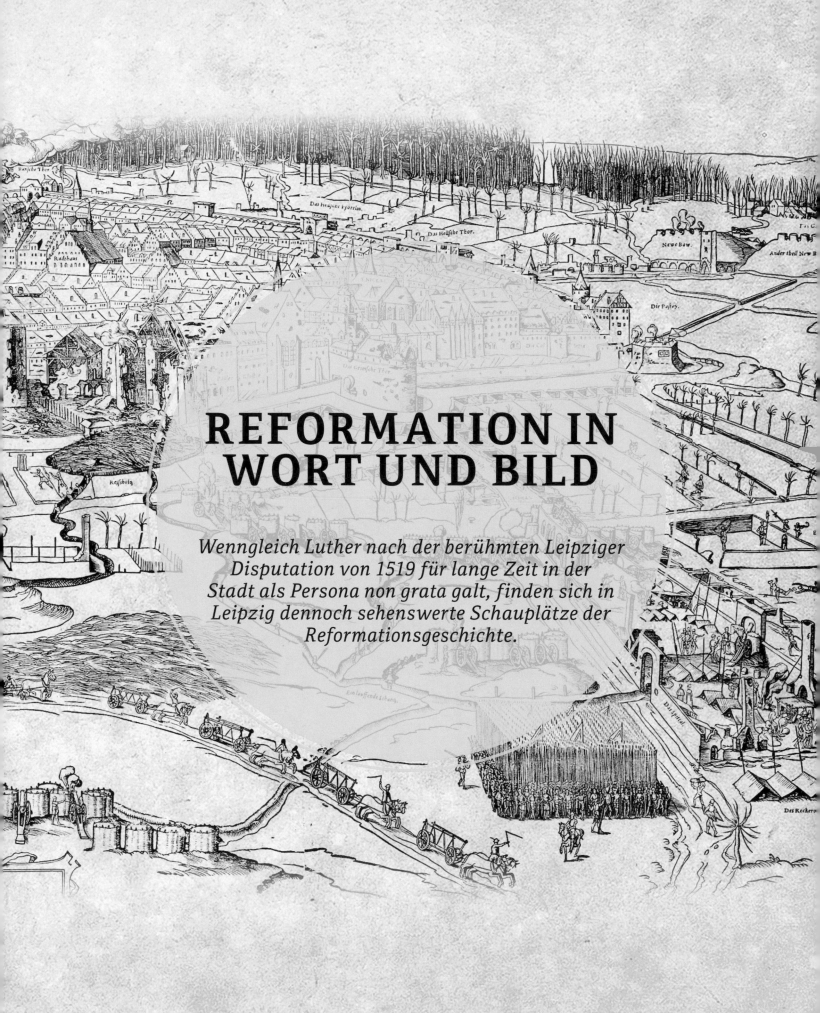

REFORMATION IN WORT UND BILD

Wenngleich Luther nach der berühmten Leipziger Disputation von 1519 für lange Zeit in der Stadt als Persona non grata galt, finden sich in Leipzig dennoch sehenswerte Schauplätze der Reformationsgeschichte.

Ein Sermon geprediget tzu Leipßgk vffm Schloß am tag Petri vñ pau

li im xviiij. Jar / durch den wirdigen vater Doctorem
Martinũ Luther augustiner zu Wittenburgk/ mit
entschuldigung etzlicher artickel / ßo ym von
etzlichen seiner abgunstigen zugemessen
seyn/ in der zeit der Disputacion zu
Leipßgk gehalten.

¶ Getruckt zu Leypßgk durch Wolffgang Stöckel im Iar. 1519.

»Wenn das Geld im Kasten klingt ...«

Der Ablasshandel und die Leipziger Disputation

—

VON HEIKO JADATZ

Die Leipziger Disputation im Juni 1519 gilt als ein »Meilenstein« der Wittenberger Reformation.

Die Bedeutung des Ereignisses wurde durch Erinnerungen und Gedenken in späterer Zeit unterstrichen. Bereits 1566 beschrieb der lutherische Theologe Sebastian Fröschel die Leipziger Disputation ausführlich in einer Widmungsrede an den Leipziger Rat. Das schillernde Bild, das uns Fröschel hier zeichnet, machte das Auftreten der Disputanten Luther und Johannes Eck sowie den Gastgeber Herzog Georg zu legendären Gestalten. Im 19. Jahrhundert gehörte die Leipziger Disputation zunehmend zu den Hauptmotiven der Reformationsereignisse.

Doch was machte dieses Ereignis so bedeutsam, dass man bis heute, also nach fast 500 Jahren, daran erinnert? Was waren die Beweggründe der Disputation? Wer waren die Initiatoren? Und was waren die Folgen?

Herzog Georg der Bärtige von Sachsen war für das Zustandekommen der Leipziger Disputation die entscheidende Kraft. Der Herzog war gebildet, war des Lateinischen mächtig und sollte ursprünglich eine geistliche Laufbahn einschlagen. Zudem war er durch die Erziehung seiner Mutter Sidonia geprägt, die von einer spätmittelalterlichen Frömmigkeit bestimmt war. Zunächst zeigte er sich an Luthers theologischer Lehre, besonders an seiner Kritik am päpstlichen Ablasswesen, sehr interessiert.

Mit der Ankündigung der Disputation sah Herzog Georg eine Gelegenheit, die Universität Leipzig zu profilieren. Der Vetter in Kursachsen, Friedrich der Weise, hatte der Wittenberger Universität seit ihrer Gründung 1502 ein modernes humanistisches Profil verliehen. Die Leipziger Alma Mater verharrte dagegen in traditionellen Strukturen und verlor zunehmend an Attraktivität. In der Disputation sah der Herzog die Chance zu einem erneuten Anlauf.

Außerdem wurde für Herzog Georg ein wichtiges kirchenpolitisches Thema in den Blick genommen. Der päpstliche Petersablass war ihm seit einiger Zeit ein Dorn im Auge. Seit 1517 wurde dieser Ablass im Herzogtum untersagt. Mit der Disputation wollte er also sein striktes Vorgehen gegen den Ablasshandel akademisch untermauern. Motivierend war hier aber nicht eine generelle Verweigerung des Ablasswesens. Vielmehr ging es dem Herzog um das Verbot fremder Ablässe, denn diese schränkten die eigenen Ablassvorhaben, wie den Ablass für die St. Annen-Kirche in Annaberg, ein. Unliebsame Konkurrenz war also hier zu unterbinden.

In Leipzig entbrannte ein besonderer Streit um das Ablasswesen. Herzog Georg untersagte dem Dominikanermönch und »Hauptakteur« des Petersablasses, Johann Tetzel, die Ablassgelder abzuliefern. Als Begründung gab Georg an, er habe Zweifel daran, dass sie ordnungsgemäß abgerechnet würden. Tatsächlich wollte er jedoch das päpstliche Vorhaben so weit wie möglich erschweren. Vor diesem Hintergrund kam das Angebot einer Disputation über Luthers 95 Thesen in Leipzig dem Herzog in mehrfacher Hinsicht entgegen. Als der Wittenberger Theologe Andreas Bodenstein (genannt Karlstadt) Herzog Georg im Dezember 1518 darum bat, mit dem Ingolstädter Professor Johannes Eck über Luthers 95 Thesen in Leipzig zu disputieren, gab es für den Herzog daher keinen Zweifel an einer Zusage. Allerdings gab es massiven Widerstand seitens der Universitätstheologen und des Merseburger Bischofs. In der Phase des Ringens um die Genehmigung kündigte Luther öffentlich seine Teilnahme an der Disputation an, ohne Herzog Georg im Vorfeld darum zu ersuchen. Deutlich in einer Zwangslage stimmte Georg der Teilnahme Luthers

Herzog Georg der Bärtige (1471–1539), eigentlich Förderer kirchlicher Reformen, nach der Leipziger Disputation 1519 aber einer der entschiedensten Gegner der Reformation im Reich

◄ S. 36
Der Leipziger Buchdrucker Wolfgang Stöckel brachte unmittelbar nach Luthers öffentlicher Predigt am 29. Juni 1519, noch während der Disputation, den Text im Druck heraus. Auf dem Titel ist Luther zum ersten Mal porträtiert. Die Eile des Druckers kann man an der desolat geschnittenen Umschrift gut ermessen

zwar nicht ausdrücklich zu, erteilte aber das herzogliche Geleit für Luther und Karlstadt. Dieser »Schlingerkurs« im Vorfeld tat der Disputation in Leipzig allerdings keinen Abbruch. Schließlich waren die Widerstände weitgehend aufgehoben und Befindlichkeiten vergessen. Universität, Stadt und Landesherr gingen nun daran, diesem Ereignis einen feierlichen Rahmen zu verleihen.

Vor dem 23. Juni traf Johannes Eck in Leipzig ein. Er bezog bei Bürgermeister Benedikt Beringersheim Ecke Petersstraße/Thomasgäßchen sein Quartier. Im prächtigen Messgewand nahm er am Tag Corporis Christi an der Fronleichnamsprozession der Stadt teil. Der lutherische Theologe Sebastian Fröschel berichtet uns später, dass er bereits mit diesem Auftreten seine Überlegenheit in der Disputation den Bürgern demonstrieren wollte.

Für größeres Aufsehen sorgte jedoch die Ankunft der Wittenberger Disputanten in Leipzig am 24. Juni. Der Wagenzug wurde von rund 200 Wittenbergischen Studenten mit Spießen und Hellebarden begleitet. Am Kirchhof der Paulinerkirche dann ein Zwischenfall: Ein Rad am Wagen von Karlstadt zerbrach, und der Theologieprofessor soll dabei in den Schmutz gefallen sein. Der Wagen mit Luther und Melanchthon fuhr indes am »Unfallort« vorüber.

Für die Zuschauenden war das ein Zeichen für Luthers uneingeschränkte Überlegenheit in der Disputation. Der Buchdrucker Melchior Lotter beherbergte die Wittenberger Reformatoren in seinem Haus in der Hainstraße.

Die Disputation wurde am 27. Juni durch den Leipziger Griechischprofessor Petrus Mosellanus mit einer Eröffnungsrede begonnen. Zuvor hatte man in der Thomaskirche eine Messe gefeiert und ergriffen dem mehrstimmigen »De sanctu spiritu« gelauscht, das der Thomaskantor Georg Rhau eigens für diesen Anlass komponiert hatte. Am Nachmittag disputierten Eck und Karlstadt miteinander. Das Disputationsprinzip wurde so vollzogen, dass ein Disputant an das Pult trat und seine Thesen vorbrachte, während der andere auf einem Stuhl saß und zuhörte, und umgekehrt. Wir müssen uns also eine sehr sachliche Auseinandersetzung und keinen hitzigen Streit vorstellen. Karlstadt stand für die Wittenberger bis zum 3. Juli im »Ring« und disputierte mit dem Ingolstädter Theologen über den freien Willen des Menschen und über die Rechtfertigung vor Gott.

Mit Spannung wurde jedoch von allen Disputationshörern der Auftritt Luthers erwartet. Deutlich war diese Erwartung bereits zu spüren, als der Re-

DISPV=
TATIO D. IOANNIS EC
CII. ET P. MARTI
NI LVTHER IN
STVDIO LI
PSENSI
FVTV
RA.

AN. M. D. XIX.

VIVA IMAGO·MAGNI·ILLIVS·THEOLOGI·IOHANNIS·ECKII.
CATHOLICÆ·RELIGIONIS·PROPVGNATORIS·INVICTI
ÆTATIS·SVÆ·XLIII
ECKIVS·INSIGNIS·MYSTES·DIVVMQVE·SACERDOS·
DETEXIT·FRAVDES·HÆRESIVMQVE·DOLOS·
ANNO·M·D·LXXII

formator am 29. Juni eine Predigt in der Schlosskapelle der Pleißenburg halten sollte. Die Menge der Predigthörer war so immens, dass man in den Disputationssaal umziehen musste. Luther predigte am Gedenktag der Apostel Peter und Paul und stellte in seiner Auslegung des Predigttextes den Primatsanspruch des Papstes in Frage. Zugleich nahm er Disputationspunkte Karlstadts auf und bereitete sich damit einen »Nährboden« für seinen eigenen Eintritt in die Disputation. Eck bezeichnete Luthers Predigt als »ganz böhmisch« und daher als ketzerisch. Damit waren im Vorfeld von beiden Seiten die »Waffen auf den Tisch gelegt« worden. Ohne auf die Einzelheiten der Disputationsinhalte einzugehen, darf jedoch ein Schlüsselereignis der Leipziger Disputation hier nicht verschwiegen werden. Luther hatte sich von Eck dazu verleiten lassen, die Auseinandersetzung auf das Konstanzer Konzil von 1415 auszuweiten, auf dem Jan Hus als Ketzer zum Tod verurteilt worden war. Eck konfrontierte Luther mit dem Vorwurf, dass einige seiner Glaubenssätze bereits auf jenem Konzil als Irrlehre bezeichnet worden waren. Die Antwort Luthers, dass nicht alle Artikel des Jan Hus falsch gewesen seien, und dass das Konzil sich in diesem Punkt geirrt habe, war prekär. Herzog Georg war von dieser Aussage entsetzt.

Diese kurze Situation spiegelt den Moment wider, der in der Folgezeit für Herzog Georgs Haltung zu Luther und zur Reformation bis zu seinem Tode bestimmend werden sollte. Denn fortan wurde der Landesherr zu einem der schärfsten Luthergegner, der im Reich kaum seinesgleichen fand. Leipzig sowie das gesamte Herzogtum Sachsen unterstanden deshalb bis zu Georgs Tod im Frühjahr 1539 dieser antilutherischen Doktrin. Jegliche Sympathie für Luther und für die Reformation wurde vom Landesherrn verfolgt und konsequent bestraft.

Der Ausgang der Leipziger Disputation kann nicht mit einem deutlichen Ergebnis beurteilt, ein »Gewinner« nicht ermittelt werden. Melanchthon hielt die Leipziger Disputation für »ganz unfrucht-

bar«. Luther zeigte sich im Nachhinein erstaunt, dass über das Ablassproblem kaum disputiert worden und dieses vielmehr im Publikum Anlass für Spott und Gelächter gewesen war. Eck hielt er für eine schlechten Disputanten, der nur darauf bedacht war, Beifall und Triumph von den Hörern zu erheischen. Enttäuscht zeigte sich der Reformator auch über die Leipziger Theologen, die die Wittenberger mit Missachtung gestraft hätten. Eck selbst sah das Ergebnis der Disputation darin, dass die Wittenberger ihrem Ruf sehr geschadet hätten. Luther bezeichnete er als blind und boshaft. Die übrigen mitgereisten Wittenberger hielt er für einen verschworenen Haufen, der mitschrieb, sich ständig beriet und die Köpfe in die Bücher steckte. Eck dagegen sei allein aufgetreten, die Gerechtigkeit an seiner Seite wissend.

Die eigentlichen Ergebnisse der Disputation blieben also »schwammig«. Die von Herzog Georg eingeforderten Gutachten der Universitäten Paris und Erfurt wurden von den Beauftragten endlos hinausgezögert. Für die Stadt Leipzig war dieses Ereignis der Reformation von zweierlei Bedeutung. Zum einen weckte das Auftreten Luthers eine wirkliche Begeisterung in Stadt und Umland. Zum anderen mussten die Bürger künftig mit dem Widerstand ihres Landesherrn Herzog Georg rechnen, der seit der Leipziger Disputation der Reformation den Kampf angesagt hatte. ●

▶ DR. HEIKO JADATZ
ist Kirchenhistoriker und Vikar der
Ev.-luth. Landeskirche Sachsens.

Johannes Maier (1486–1543), nach seinem Geburtsort Eck (Egg) genannt, war Theologe und Gegner Martin Luthers. Nach der Leipziger Disputation wurde Eck nach Rom gerufen, um in einer Kurienkommission bei der Erstellung der Bannandrohungsbulle »Exsurge Domine« mitzuarbeiten

◀
Titelseite eines zeitgenössischen Druckes noch aus dem Jahre der Disputation 1519, der gleichzeitig in Leipzig, Breslau und Wittenberg erschien

Das geheime Treffen am 3. Dezember 1521

Wie Martin Luther Schutz im Hause des Heinrich Stromer von Auerbach fand

—

VON BERND WEINKAUF

> »Die Leipziger haben uns in der Tat weder gegrüßt noch besucht und uns wie die verhasstesten Feinde behandelt. [...] Doch luden uns Doktor Auerbach, ein Mann von sehr scharfem Urteil, und der Ordinarius Pistor der Jüngere ein.«

Martin Luther am 20. Juli 1519 an Spalatin

Die Geschichte ist bekannt: Luther hatte sich in Worms selbst vom Kaiser nicht einschüchtern lassen und sein Urteil über den verrotteten Zustand seiner Kirche nicht revidiert. Der kleine Schriftgelehrte beharrte auf seiner großen Überzeugung SOLA SCRIPTURA: Zeigt mir aus der Heiligen Schrift, dass ich irre. Das lässt sich der heilsgewisse und ebenfalls sehr glaubensstarke Kaiser nicht bieten. Luther geht vom Platz, aber als Vogelfreier. Nach eines Freundes Fürsprache nimmt ihn der weise Landesherr in Obhut. So liest man es in schöner Ausführlichkeit von den Biographen. Und auch, wie schwer sich der Mönch auf der Wartburg damit tut, ein Junker zu werden. Fressen, saufen, raufen, reiten, jagen, Bart tragen und Abstand zu den Büchern halten – das muss er lernen, um in seinem neuen Leben zu bestehen: *Heute hatte ich endlich nach sechs Tagen Stuhlgang, aber so harten, dass ich mir fast die Seele auspresste. Nun sitze ich da mit Schmerzen wie eine Wöchnerin, aufgerissen, verletzt und blutig und werde in dieser Nacht keine oder nur mäßige Ruhe finden* (9. September 1521).

Dazu plagt ihn Satanas mit Zweifeln: *Wie, wenn du irrtest und so viele Menschen ins Verderben stürztest?* Die Kassiber, die ihn erreichen, geben Kunde von »Zwickauer Propheten«, die in Wittenberg sein Streben nach Reformation seiner Kirche zur Revolution gegen diese vergröbern. Die Freunde scheinen machtlos, unentschieden. Luther muss nach Wittenberg. Aufmerksam vermerken die Biographen, dass er am 3. Dezember 1521 heimlich, von einem Reitknecht begleitet, die Wartburg verlässt und am

HEINRICH STROMER VON AVERBACH   MARTIN LVTHER

V.Pohlenz 2011

Der Maler Volker Pohlenz hat 2012 die Begegnung zwischen Martin Luther und Heinrich Stromer von Auerbach in einem Bilde dargestellt. Das Original ist in der Luther-Stube von Auerbachs Keller zu sehen

folgenden Tage in Wittenberg eintrifft. Nicht ganz. Weil man ihn dort allzu genau kennt, weiß er sich sicherer aufgehoben im ein paar Meilen von dort entfernten Kemberg, bei seinem Schulfreund Bartholomäus Bernhardi.

Nichts ist darüber zu lesen, wie die Reise des exkommunizierten Vogelfreien verlaufen ist. Luthers Leben stand dabei auf dem Spiel, die Geschichte der Reformation hätte jetzt abbrechen oder entschieden anders verlaufen können. Reichlich 200 Kilometer über Land, ein ungeübter Reiter wie er schafft das nicht auf einen Ritt. Also Aufbruch bei Tagesanbruch, im Dezember wohl gegen 7, spätestens 8 Uhr. Auf der vergleichsweise guten Straße, der alten VIA REGIA, dürfte der Reiter 20 Kilometer in der Stunde zurücklegen, also nach etwa 150 Kilometern bei Einbruch der Dunkelheit, gegen 16, 17 Uhr, Leipzig erreicht haben. Endlich vom Pferd! Entspannung in einem der Ausspannhöfe am Brühl, wo Kutscher und Reisige einkehren, weshalb kein Fremder auffällt. Gastwirt Hans Wagner wird später zu Protokoll geben, dass ihm nichts aufgefallen sei, höchstens, dass da einer das Barett nicht vom Haupte gezogen habe, aber logiert, nein das habe der Junker nicht bei ihm. Doch Luther wird erkannt, auch das kommt spät genug zutage. Da sitzt ein »Freiweib«,

auf Buhlschaft wartend, in der Stube. Sie hat das Gesicht schon einmal gesehen, richtig, im Sommer vor ein paar Jahren. Da kamen so viele hier zusammen, um die »Wittembergischen Nachtigallen« zu hören. Da hat der zu Peter und Paul vor viel Volks auf der Straße gepredigt. Das ist er. Und Luther spürt, dass ihn die Frau fixiert. Hier also kann er nicht bleiben. Wohin? Luther weiß einen vertrauten Freund in der Stadt. Einen, der sich damals, 1519, offen zu ihm bekannt, ihn in sein großes Haus nahe beim Rathaus eingeladen hat: Doktor Heinrich Stromer, den sie hier alle Auerbach nennen. Bei ihm gehen Studenten und Handelsleute ein und aus, hier fällt ein fremder Reiter nicht auf. Stromer kennt die aktuelle Geschichte des Mannes, der da in ungewohnter Verkleidung vor ihn tritt. Es ist kein freudiges Wiedersehen, denn beide sind sich der Gefahr bewusst, in die sie sich mit diesem Treffen begeben. Aber die beiden gemeinsame Überzeugung, dass der Mensch des Menschen Bruder ist, überwindet ihre Bangigkeit. Luther verbringt die Nacht in Sicherheit und legt den Rest der Strecke am 4. Dezember zurück. Über all das gibt es kein gesiegeltes Papier, keinen Gästebucheintrag. Rückschlüsse gestattet lediglich ein Polizeiprotokoll, ausgefertigt, als Luther längst wieder *in der Region der Vögel* in Sicherheit ist. •

Die scharfe Waffe der Reformation

Der Buchdruck in Leipzig von 1517
bis zur Einführung der Reformation 1539

—

VON AXEL FREY

L uther ist es gelungen! So wie der Reformator hat nie wieder ein einzelner Autor ein ganzes Massenmedium wie den Buchdruck beherrscht. Und es wurde zunächst vor allem das Leipziger Gewerbe für die gewinnträchtigen frühreformatorischen Schriften Luthers wichtig. Bereits im Dezember 1517 stellte Jacob Thanner eine Plakatausgabe der 95 Thesen her, vermutlich sogar im Auftrag von Herzog Georg. Die schon länger sehr produktionsstarken, gut assortierten Leipziger Offizinen besaßen einen ausgezeichneten Ruf, wozu nicht zuletzt auch die akademische Bildung ihrer Drucker und Korrektoren beitrug. Die Klassikerausgaben wurden in korrektem und sauberem Druck und besster Ausstattung hergestellt. Besonders Melchior Lotters Offizin erlangte hierdurch Bekanntheit, hatte aber auch Erfolg durch die große Anzahl an Missalen, Breviarien und Psalterien, deren Typen und Initialen zum Besten gehören, was der Missaldruck bis dahin überhaupt geschaffen hatte.

Auch Wittenberg verfügte nach 1508 über eine ständige Druckerei, die vor allem für die Universität arbeitete. Deren Besitzer, Johann(es) Rhau-Grunenberg, stand mit dem Reformator durchaus in gutem Einvernehmen. Aber Luthers Urteil über die Qualität der Rhauschen Drucke fiel vernichtend aus. So schreibt er am 15. August 1521 von der Wartburg an Spalatin, alles sei »so abscheulich, so nachlässig, so unordentlich ... gedruckt, von der Abscheulichkeit der Typen und des Papiers ganz zu schweigen. Buchdrucker Hans bleibt noch ewig Hans.«

Und so ist es kaum verwunderlich, dass der Reformator alle Hebel in Bewegung setzte und sich um den wohl besten Leipziger Drucker, Melchior Lotter, bemühte. Die Filialgründung in Wittenberg war wenige Monate nach der Leipziger Disputation beschlossene Sache. Lotters ältester Sohn Melchior leitete sie, und ab 1523 stand ihm dabei sein jüngerer Bruder Michael zur Seite. Hier wurde in den Jahren nach 1520 bis zum unglücklichen Rückzug des jüngeren Lotters aus Wittenberg im Jahre 1525 der größte Teil der Lutherschen Erstdrucke hergestellt.

Durch weitere leistungsstarke Offizinen, genannt seien Martin Landsberg, Wolfgang Stöckel, Jacob Thanner, Valentin Schumann und Michael Blum, hatten sich in Leipzig kontinuierlich große Druckkapazitäten ausgebildet. Zum nicht geringen Unmut Luthers druckten die Leipziger Drucker, selbst ein Melchior Lotter, eigentlich alles, was sich irgend verkaufen ließ. Leipzig besaß im selben Zeitraum auch einen Spitzenplatz bei der Herstellung antireformatorischen Schrifttums, den es sich mit Köln teilte. Aus derselben Druckerei kamen also sowohl Schrif-

◄ oben: Anstiftung zum Aufruhr lautete die Anklage gegen den Buchführer Hans Hergot, der wegen des Inhalts dieser Schrift am 20. Mai 1527 auf dem Leipziger Markt mit dem Schwert hingerichtet wurde. Die Exemplare wurden konfisziert und vernichtet

unten: Das Druckersignet von Jacob Thanner (um 1464–1538), der wahrscheinlich schon Anfang Dezember 1517 eine Plakatausgabe der Ablassthesen Martin Luthers in Leipzig druckte

◄ S. 40
Das Druckersignet von Melchior Lotter d. Ä. (um 1470–1549), einer der ersten Lutherdrucker in Leipzig, bevor es in Wittenberg leistungsfähige Offizinen gab. Er galt als der bedeutendste Leipziger Buchdrucker des 16. Jahrhunderts

Die Lutherrose, Martin Luthers »Wappen«, entstammt dem Bilde auf einem Siegelring, den er 1530 vom Kronprinzen Johann Friedrich geschenkt bekam. Die Umschrift VIVIT, eine Verkürzung des lateinischen ET MORTUUS VIVIT (»mag er auch gestorben sein, er lebt« – gemeint ist Jesus Christus), hat Luther später hinzugefügt

ten von Luther, Melanchthon oder Ulrich von Hutten als auch solche von geschworenen Gegnern der Reformation wie der Franziskaner Augustinus von Alveld, der Ingolstädter Johannes Eck oder der Sekretär Herzog Georgs Hieronymus Emser. Mit ca. 1.600 nachgewiesenen Drucken zwischen 1518 und 1539 gehörte Leipzig schon in der ersten Hälfte des 16. Jahrhunderts ganz zweifellos zu den großen Zentren des Buchdrucks im deutschen Sprachgebiet; zumal sich die heftigen Vorbehalte Herzog Georgs gegen Luther, die nach der Disputation entstanden waren, noch nicht auswirkten. So konnten in Leipzig bis Anfang 1521 auch fast alle lutherischen Schriften ungehindert gedruckt werden. Allerdings war die Grenze der Nachsicht des streng katholischen Herzogs Georg erreicht, als ein bei Valentin Schumann gedruckter Fehdebrief adliger Studenten gegen Hieronymus Emser in Leipzig erschien. Er ließ die 1.500 Exemplare einziehen und den Drucker verhaften.

Im Frühjahr 1522 gab Luther das Manuskript der Übersetzung des Neuen Testaments, das später sogenannte »Septembertestament«, in die Lottersche Offizin in Wittenberg. Ab Juli wurde auf drei Pressen gleichzeitig und ohne Pause daran gearbeitet. Trotz des hohen Preises waren vermutlich rund 5.000 Exemplare in wenigen Wochen verkauft. Im albertinischen Sachsen freilich wurde daraufhin am 7. November 1522 ein noch schärferes Mandat gegen Luthers Schriften erlassen. Die Leipziger Bürger wurden aufgefordert, alle Lutherschen Schriften abzugeben. Mitte Januar 1523 ging die Meldung

nach Dresden, dass sieben Personen insgesamt lediglich vier Neue Testamente und einige weitere Schriften abgegeben hätten. Auf die versprochene Erstattung des Geldes sei in der Regel verzichtet worden.

Herzog Georg blieb weiterhin bei seiner harten Linie. Obwohl Michael Blum bei seinen Lutherdrucken, die er wegen des strengen Verbotes in Leipzig sowohl ohne Druckort als auch ohne Druckersignet ausgab, Vorsicht walten ließ, wurde er im November 1525 verhaftet – ein Schicksal, das den Besitzern auch anderer Offizinen nicht erspart blieb. Die Leipziger Drucker versuchten trotzdem mit allen Mitteln, die stark gewachsenen Druckkapazitäten zu nutzen. Einige gründeten Filialen im noch ernestinischen Grimma, in Eilenburg oder gar in Allstedt. Aber diesen Unternehmungen war kein anhaltender Erfolg beschieden. In der Folgezeit verringerte sich die Anzahl der Leipziger Offizinen fortschreitend um etwa die Hälfte. Dann statuierte Herzog Georg mit der Hinrichtung des Nürnberger Buchführers Hans Hergot am 20. Mai 1527 ein furchtbares Exempel. Die inkriminierte kleine Schrift (»Von der newen wandlung eynes Christlichen lebens«) enthielt freilich genügend aufrührerisches Gedankengut, welches den Herzog alarmieren musste. Als Drucker dieser Schrift galt ebenfalls Michael Blum, der wenige Tage vor der Hinrichtung Hergots Leipzig fluchtartig verließ und erst um 1530 zurückkehrte. Danach war Leipzig als Druckort der Reformation fast vollständig ausgeschaltet und zahlte so gewissermaßen den Preis für den singulären Aufstieg der Wittenberger Offizinen.

Völlig unerwünscht gewann das Leipziger Gewerbe nun für ein gutes Jahrzehnt eine zentrale Stellung für den Druck des katholischen Schrifttums in Mitteldeutschland. Aber die Leipziger arbeiteten jetzt meist als Lohndrucker, weil niemand das Risiko der Kostenübernahme bei dieser nur wenig gefragten Literatur eingehen wollte.

Die Einführung der Reformation in Leipzig nach dem Tod Georgs des Bärtigen brachte überraschenderweise keine wirkliche Freiheit für die Offizinen, sondern einen harschen Umschwung der Verhältnisse. Am 14. Juni 1539 erging der Befehl Herzog Heinrichs, deutsche Messe und evangelisches Abendmahl einzuführen. Toleranz in konfessionellreligiösen Fragen kam gar nicht erst auf die Tagesordnung. Nun konnten katholische Werke urplötzlich weder gedruckt noch vertrieben werden.

Dazu kam, dass das mittlerweile sehr starke Wittenberger Gewerbe eine Art Monopolstellung auf die Bibeldrucke und Luthers Schriften weit über Sachsen hinaus besaß, was für Leipzig kaum Entfaltungsmöglichkeiten ließ. Deshalb gestaltete sich die Hinwendung der Leipziger Drucker zurück zum lutherischen Schrifttum eher zögerlich, und es ergab sich die Notwendigkeit eines Neubeginns, welchen die älteren Werkstätten nicht mehr recht zu bewältigen wussten.

Wenn auch Wittenberg durch Universitätsgründung und Reformation im mitteldeutschen Buch*druck* eine beherrschende Stellung einnahm, so konnte es natürlich nie mit dem Leipziger Buch*markt* konkurrieren, »weil die Merckte alle zu Leipzig,

... ehe tausent exemplar vertreiben konnten, denn die unsern hundert« (Luther an den Kurfürsten, 8. Juli 1539).

Mit der schnell wachsenden Bedeutung des sich etablierenden Verlagswesens ab Mitte des 16. Jahrhunderts ergaben sich neue bedeutende Möglichkeiten, die die Leipziger nun aber wie gewohnt zügig und erfolgreich ergriffen. Durch die fruchtbare Zusammenarbeit der technisch nach wie vor sehr gut ausgestatteten Offizinen mit den immer erfolgreicheren Verlagsunternehmungen stand das Leipziger Gewerbe schon zu Ende des 16. Jahrhunderts wieder an der Spitze der Buchproduktion im Lande. Den Messkatalogen zufolge hatte es wenige Jahrzehnte später nicht nur seine alte Vormachtstellung in Mitteldeutschland Wittenberg gegenüber zurückgewonnen, sondern auch alle übrigen Städte Deutschlands hinter sich gelassen. ●

◄
Seit dem Lutherjahr 1983 erinnert in der Hainstraße die steinerne Tafel an Luthers Logis während der Disputation

► **AXEL FREY** ist Literaturwissenschaftler und als freier Herausgeber tätig.

Stationen der Leipziger Reformationsgeschichte von 1539 bis 1547

Anfänge kirchlicher Neuordnung, erste evangelische Universitäts-reform und die Belagerung im Schmalkaldischen Krieg

—

VON HEIKO JADATZ

Heinrich der Fromme (1473–1541) führte bereits 1536 in seinem Amt Wolkenstein und im Gebiet um Freiberg die Reformation ein; als Landesherr nach 1539 dann im gesamten albertinischen Herzogtum

HEINRICH DER FROMME,
Herzog von Sachsen.

A ls im April 1539 der altgläubige Herzog Georg der Bärtige von Sachsen im Dom zu Meißen beigesetzt wurde, begab sich dessen Bruder und Regierungsnachfolger Heinrich der Fromme vor der Messe in die Albrechtsburg, um dort einen lutherischen Gottesdienst zu feiern. Mit diesem symbolhaften Akt unterstrich Heinrich deutlich, dass er die antilutherische Kirchenpolitik nicht fortsetzen werde. Stattdessen begann er in den ersten Regierungstagen mit der Einführung der Reformation im sächsischen Herzogtum.

In Leipzig sahen die Bürger mit großen Erwartungen der kirchlichen Neuordnung entgegen. Evangelische Gottesdienste waren seit mehr als 15 Jahren verboten. Evangelische Bürger waren 1532 der Stadt und des Landes verwiesen worden. Den Leipziger Buchdruckern war es untersagt, lutherische Bücher zu drucken. Die Theologische Fakultät hatte zunehmend an Attraktivität verloren, weil es viele Studenten nach Wittenberg zog.

Nach Heinrichs Huldigungsreise im April und Mai 1539 wurde die Einführung der Reformation zu Pfingsten feierlich in Leipzig begangen. Der Herzog lud den sächsischen Kurfürsten Johann Friedrich sowie die Wittenberger Reformatoren Martin Luther, Philipp Melanchthon, Justus Jonas und Caspar Cruciger an die Pleiße ein. Heinrich kam mit seiner Gemahlin Katharina und seinen Söhnen Moritz und August nach Leipzig.

Nach 20 Jahren – seit der Leipziger Disputation – war es in der Stadt wieder möglich, einen evangelischen Gottesdienst zu feiern. Bereits am Samstag vor Pfingsten (24. Mai) hielt Martin Luther in der Kapelle der Leipziger Pleißenburg vor Herzog Heinrich und Kurfürst Johann Friedrich eine Predigt. Gleich zu Beginn bemerkte er: »Dieweil ich meines Heubts wegen Leibesschwachheit nicht so gewißlich bin, die Lehre gäntzlichen zu erklären, so will

EFFIGIES D. FRIDERICI MYCONII

◄
links: Caspar Cruciger (1504–1548), Theologieprofessor in Wittenberg, enger Mitarbeiter Luthers. Er leitete die Einführung der Reformation in Leipzig

rechts: Friedrich Myconius (1490–1546), seit 1529 Superintendent von Gotha, predigte Pfingsten 1539 in der Nikolaikirche. Er führte gemeinsam mit Pfeffinger und Cruciger in Leipzig die Reformation durch

◄ S. 46
Aquarellierte Federzeichnung, um 1839. Vor Luthers Predigt zum Vespergottesdienst des Pfingstsonntages wurden von außen hohe Leitern angelegt und einige Scheiben zerbrochen, damit man auch vor der Thomaskirche die Worte des Reformators hören konnte

ich durch Gottes Gnade bey dem Text bleiben des Evangelii, so man morgen in der Kirchen zu handeln pfleget.« Luthers Gesundheit war in Leipzig nicht in bester Verfassung.

Deshalb predigte Pfingstsonntag (25. Mai) am Vormittag nicht er in St. Thomas, sondern der Reformator Justus Jonas. Doch die Leipziger Bürger waren darauf gespannt, eine Predigt von Luther selbst zu hören. Erst am Nachmittag war er dazu gesundheitlich in der Lage. Er predigte über das Pfingstwunder nach der Apostelgeschichte.

Am Rande der Feierlichkeiten berieten Kurfürst Johann Friedrich und Herzog Heinrich gemeinsam mit den Reformatoren über die kirchliche Neuordnung im Herzogtum Sachsen. Sie beschlossen, sich dabei weitgehend an das »kursächsische Modell« anzulehnen, das hieß Visitation aller Gemeinden, Einsetzung von Superintendenten in den größeren Städten und Absetzung altgläubiger Pfarrer. Insge-

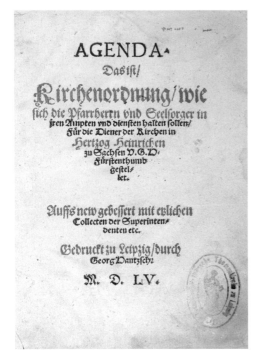

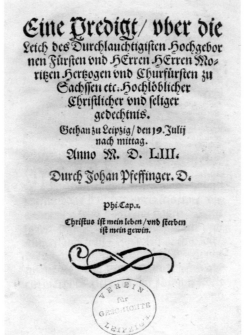

Diese Kirchenord-
nung, die sogenannte
»Heinrichsagende«,
wurde den Leipziger
Geistlichen am
6. August 1539 im
Rathaus übergeben
und galt nunmehr
auch für St. Nikolai

▶

Die Leichenpredigt
des Superintendenten
Pfeffinger für den so
tatkräftigen ersten
albertinischen Kur-
fürsten Moritz, den
Vollender der Refor-
mation in der Stadt
und dem Land, nach
seinem frühen, ge-
waltsamen Tod. Hier
schließt sich einer der
Kreise der Leipziger
Reformationsge-
schichte

samt befürchtete man große Widerstände aus den
Reihen der lutherfeindlichen Untertanen. Die Be-
fürchtungen waren nicht aus der Luft gegriffen,
denn der Leipziger Rat hatte dem neuen Herzog bereits erklärt, dass er kirchliche Neuerungen nur ak-
zeptieren werde, wenn zuvor auf einem Landtag die
Landstände zugestimmt hätten.

In Leipzig vermutete man also größere Schwierigkeiten bei der Einführung der Reformation. Doch
galt die Stadt durch Messeprivileg und Universität
als wichtiges wirtschaftliches und geistliches Zentrum im Herzogtum. Es bedurfte hier also besonderer Sorgfalt. Die Wittenberger Reformatoren ent-
warfen deshalb ein erstes Programm, nach dem die
Reformation in Leipzig durchgesetzt werden könnte:
»Von bestellung der kirchen zu Leipzig und von der
visitation«. Diesem folgend blieben die evangelischen Theologen Caspar Cruciger und Friedrich Myconius bis zur ersten Kirchenvisitation in Leipzig.

Im August 1539 wurde schließlich die Stadt
Leipzig visitiert. Cruciger berichtete von altgläu-
bigen Ratsmitgliedern, die ihnen »allerlei beschwer-
rung« bereiteten, andererseits von Leipziger Bürgern, die auf die Einführung der Reformation »ge-
hofft und gewarttet« hätten. Den Visitatoren gelang
es, in Leipzig eine erste evangelische Kirchenstruk-
tur zu schaffen. Caspar Cruciger wurde zunächst
als kommissarischer Superintendent eingesetzt,
eine Reihe altgläubiger Pfarrer an den Leipziger
Kirchen entlassen. Ein besonderes Augenmerk richteten die Visitatoren auf die Theologen der Universität Leipzig. Sie wurden ausdrücklich vermahnt,

nichts zu lehren, zu disputieren, zu
schreiben oder zu drucken, was der
lutherischen Lehre widersprechen
würde.

Die Universitätsleitung stimmte
dem zu. Die beiden Universitätstheologen beugten sich dieser An-
ordnung jedoch nicht. Bereits im
Abschlussbericht der Visitation wurde vorgeschlagen, einstweilen Philipp Melanchthon und Nikolaus von Amsdorf an die Universität
zu holen. Doch eine (lutherische) Stabilisierung der
Leipziger Universitätstheologie blieb zunächst aus.
Ein deutliches Signal dafür war der Universitäts-
gottesdienst zum Sommersemester 1540, in dem die
Messe nach altem Brauch gehalten und in der Für-
bitte für Papst Paul III. und Bischof Sigismund von
Merseburg gebetet wurde. Erst unter Herzog Moritz
von Sachsen konnte die Leipziger Universität entsprechend reformiert werden. Im Oktober 1541
wurde Joachim Camerarius auf den Lehrstuhl für
Griechisch und Latein berufen. Leitender Theologieprofessor war der Leipziger Superintendent.
Auch für die anderen Fakultäten legte Herzog Moritz Neubesetzungen fest. Im Zuge dieser Universitätsreform gelang es dem Rektor Caspar Borner, die
Gebäude des ehemaligen Dominikanerklosters für
universitäre Zwecke übertragen zu bekommen.
Borner ließ hier eine zentrale Bibliothek – die »Bib-
liotheca Paulina« – vor allem aus Beständen der
ehemaligen sächsischen Klöster einrichten. Außerdem entstanden innerhalb der einstigen Kloster-
mauern Hörsäle, Unterrichtsräume, Professoren-
wohnungen und Studentenunterkünfte. Am 10. Oktober 1543 wurde die ehemalige Klosterkirche
St. Pauli als Aula erstmals genutzt und am 12. August 1545 schließlich durch Martin Luther zur Universitätskirche geweiht. In seiner Predigt griff Luther die Papstkirche scharf an: Die »Bepstisch Pfaf-
fen und Mönch Volck« hätten durch falsche Gottesdienste die Kirchen und Klöster zu Mördergruben

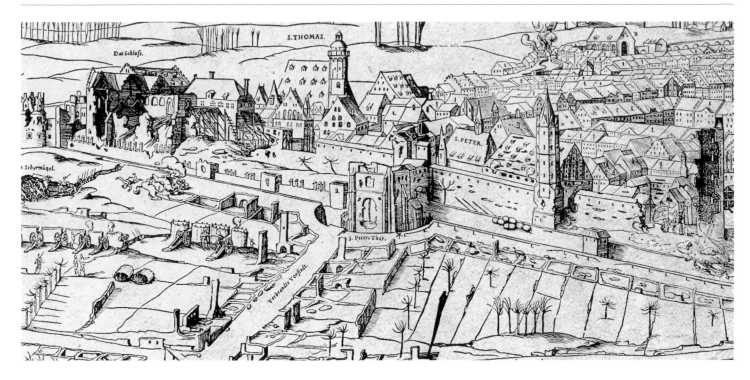

gemacht. Zugleich dankte Luther in der Predigt für Gottes Gnade, dass er nun den Menschen die Augen geöffnet habe für den rechten Gottesdienst. Die Predigt erzielte in einer ehemaligen Klosterkirche, in der der Ablassprediger Johann Tetzel beigesetzt war und die nun zur Universitätskirche geweiht wurde, natürlich eine besondere Wirkung unter den Zuhörern.

Waren nun Wittenberger Reformation und Leipziger Universitätsreform wirksam auf den Weg gebracht worden, so zeichneten sich zugleich reichspolitische und kirchenpolitische Schwierigkeiten in Sachsen ab. Zwischen den beiden sächsischen Linien kam es allmählich zu einer Distanzierung. Kurfürst Johann Friedrich verfolgte als protestantischer Landesherr eine eigenständige Reichspolitik, während Herzog Moritz in seinem politischen Handeln zunehmend die Nähe zu Kaiser Karl V. suchte. Als der Konflikt zwischen dem katholischen Kaiser und den protestantischen Fürsten im Sommer 1546 in den sogenannten Schmalkaldischen Krieg umschlug, wurde die gegensätzliche Position der beiden sächsischen Landesherrn höchst problematisch. Kurfürst Johann Friedrich stand von Anfang an an der Spitze der Truppen des Schmalkaldischen Bundes. Als Herzog Moritz im Herbst 1546 die militärische Unterstützung der kaiserlichen Truppen zusagte, waren die beiden sächsischen Linien als Feinde in den Schmalkaldischen Krieg verwickelt.

Nachdem Moritz Teile Kursachsens besetzt hatte, zog er im Winter 1546 3.000 Knechte und 100 Reiter in Leipzig zusammen. Allerdings war diese Konzentration für die Stadt verhängnisvoll. Bereits Ende Dezember 1546 brannten kursächsische Truppen einige Dörfer im Leipziger Umland nieder, und im Januar 1547 wurde die Stadt durch Kursachsen belagert. Die kursächsischen Truppen zogen schließlich schon Ende des Monats erfolglos wieder von Leipzig ab. Doch die wirtschaftliche Not in der Stadt war in Folge der Belagerung enorm. Besonders die hier stationierten herzoglichen Truppen, die neben Unterkunft und Verpflegung auch ihren Sold forderten, wurden für die Bürger zur Belastung. Als es zu Meutereien und Plünderungen kam, ließ man das Kirchengerät aus sächsischen Kirchen einziehen. Aus diesen eingeschmolzenen Kleinodien wurden im Keller des Leipziger Rathauses viereckige Münzen geschlagen, sogenannte »Leipziger Belagerungsklippen«, die nun als Sold an die Truppen ausgezahlt wurden, um die Situation in der Stadt zu beruhigen.

Herzog Moritz ging schließlich als Sieger aus dem Schmalkaldischen Krieg hervor. In der Wittenberger Kapitulation im Mai 1547 wurden Moritz dafür die Kurwürde sowie weite Teile Kursachsens übertragen. Er befand sich damit auf der Höhe seiner Landesherrschaft. Für Leipzig selbst wog der Schmalkaldische Krieg freilich schwer, wie es durch viele zeitgenössische Berichte überliefert ist. ●

Detail aus dem Holzschnitt »Wahrhafftige abconterfeyung der Stadt Leipzig ...« (▸ S. 34/35). Es zeigt das völlig zerstörte Schloss, in dessen Hofstube die Disputation stattgefunden hatte. Herzog Moritz ließ es abtragen und 1549 einen Neubau, die »Pleißenburg«, errichten

▼

Die Gedenktafel befindet sich im Mittelschiff der Thomaskirche an einer Säule neben der Kanzel

Luthers Wille geschehe

Der erste Leipziger Superintendent oder Wie der Reformator die Besetzung des Amtes beeinflusste

—

VON MARTIN HENKER

Niemand, so schien es, wollte der erste Leipziger Superintendent werden. Nicht einmal der Mann, der es am Ende tatsächlich wurde.

▶
Johann Pfeffinger (1493–1573), Superintendent von 1540 bis 1573; seit 1555 auch Theologieprofessor an der Leipziger Universität

In den Gottesdiensten am Pfingstsonntag 1539 (25. Mai) war mit der Ausspendung von Brot und Wein bei der Feier des Heiligen Abendmahls der symbolische Akt der Einführung der Reformation in Leipzig vollzogen. Die große Aufgabe des Aufbaus evangelischer Kirchenstrukturen und der Befestigung einer Glaubens- und Lebenspraxis, die sich an reformatorischen Überzeugungen ausrichtete, musste freilich noch bewältigt werden. Dafür hatten sich das Instrument der Visitation und das Amt des Superintendenten in den zurückliegenden Jahren vielfach bewährt. Die Superintendenten trugen als leitende Geistliche vor allem die Verantwortung für Personalentscheidungen und den Aufbau des Schulwesens in den Gemeinden ihres Gebiets.

So war es nur folgerichtig, dass die erste Visitation in Leipzig bereits in den Sommermonaten 1539 stattfand. Der Visitationskommission gehörten u. a. an: Friedrich Myconius, der Gothaer Superintendent, Caspar Cruciger, Prediger an der Wittenberger Schlosskirche und Professor an der dortigen Universität, Justus Jonas, ebenfalls Wittenberger Professor, sowie Johann Pfeffinger, Gemeindepfarrer in

Belgern. Sie blieben nach dem Pfingstfest in Leipzig und führten die erste Visitation durch.

Wer aber sollte Superintendent in Leipzig werden? Bereits im Sommer 1539, während der Visitation, wurde diese Frage virulent.

Zuerst wollte der Stadtrat wohl gern Friedrich Myconius hier behalten. Im Bericht über die erste Visitation lobt Justus Jonas dessen Fähigkeiten und Beliebtheit und bittet, offenbar in Übereinstimmung mit den Ratsherren, den Kurfürsten, ihn doch wenigstens noch ein, besser aber zwei Jahre in Leipzig wirken zu lassen. Doch daraus wurde nichts, Myconius musste bald nach Gotha zurückkehren.

Bei dem Nürnberger Pfarrer Link hatte schon im Juni 1539 Melanchthon selbst angefragt. Als er wenig Offenheit für diesen Wechsel zeigte, im Herbst aber erneut gebeten wurde, beriet er sich mit Luther, der ihm davon abriet, um Leipzigs willen Nürnberg zu verlassen.

So kam im Herbst 1539 der in Leipzig geborene Caspar Cruciger ins Gespräch. Auch er verspürte keine Neigung, seine bisherigen Ämter aufzugeben. Wieder griff Luther höchstpersönlich ein und schrieb am 4. November 1539 einen Brief an den Kurfürsten, um zu verhindern, dass er Cruciger für das Leipziger Superintendentenamt freigab. Luther stellt die Aufgaben in Leipzig als ein »geringes Hölzlein« gegenüber der »Stange« der Wittenberger Verpflichtungen dar, benennt Cruciger als seinen Wunschnachfolger und schließt mit den Worten: »So ist es meine unterthänige Bitte, … Euer Kurfürstlich Gnaden wollten D. Casparn nicht lassen von Wittenberg reisen.«

Volkmar Joestel
Tu 's Maul auf!
Was Luther wirklich gesagt hat.
Mit Illustrationen von Marie Geißler
80 Seiten | 12 x 19 cm
mit 8 Abb. | Hardcover
ISBN 978-3-374-03353-9   EUR 12,80 [D]

In der 500-jährigen Wirkungsgeschichte der Reformation wurden Martin Luther manche Aussprüche in den Mund gelegt, die er so nie gesagt oder geschrieben hat, die aber durchaus von ihm hätten stammen können. Solche Sprüche bilden Luthers Persönlichkeit ab – seine Empfindungen, sein Denken, seine Furchtlosigkeit und seinen gelegentlich derben Humor.

Blieb noch Johann Pfeffinger, der am Pfingstdienstag in der Nikolaikirche erstmals gepredigt hatte. Anschließend war er in die Visitation eingebunden, aber von der Situation und den Herausforderungen überhaupt nicht angetan. Er klagte Justus Jonas, dass es ihm gesundheitlich so schlecht gehe und dass er befürchte, wenn er noch länger in Leipzig bleiben müsste, dass seine Frau zur Witwe und seine Kinder zu Waisen würden. Daraufhin kehrte er noch im Sommer nach Belgern zurück, und Luther schlug ihn wenig später als Oschatzer Superintendent vor. Dabei charakterisierte er Pfeffinger als einen Mann, »der alle Eigenschaften hat, die ein Bischof braucht«. Auf Bitten und Drängen der Leipziger ließ Pfeffinger sich aber bewegen, im September wieder nach Leipzig zu reisen und weiter am Aufbau des evangelischen Kirchenwesens mitzuarbeiten. Am 24. August 1540 bekam er dann schließlich das Leipziger Superintendentenamt übertragen und wurde erster Pfarrer an St. Nikolai. Mehr als 30 Jahre wirkte Johann Pfeffinger in Leipzig und weit darüber hinaus für den Aufbau der evangelischen Kirche. Er starb am 1. Januar 1573. ●

▶ **MARTIN HENKER**
ist Superintendent in Leipzig.

Christoph Münchow
Region mit Weltgeltung
Sachsen und
sein Reformationsgedenken
120 Seiten | 13,5 x 19 cm
zahlr., farb. Abb. | Hardcover
ISBN 978-3-374-02918-1   EUR 9,80 [D]

Zwischen 1518 und 1539 wurde fast ganz Mitteldeutschland evangelisch. Grund genug, im Vorfeld des 500. Reformationsjubiläums 2017 die sächsischen Reformationsstätten in den Blick zu nehmen, die mit Martin Luthers Wirken und dem vieler weiterer Frauen und Männer eng verbunden sind.

Das tut Christoph Münchow klug und fesselnd, indem er vom lokalen Geschehen aus immer wieder Schlaglichter auf dessen welthistorische Bedeutung wirft.

»Gustav Adolph, Christ und Held ...«

Sieg und Tod auf den Schlachtfeldern
von Breitenfeld und Lützen

—

VON PETER MATZKE

»Daran erkenn ich meine Pappenheimer!« Diese anerkennenden Worte, wir kennen sie aus Schillers »Wallenstein«, mag auch der kaiserliche Feldherr Johann Tserclaes Graf von Tilly ausgerufen haben, als er am Morgen des 7. September 1631 (die Katholischen schrieben seit Papst Gregor bereits den 17.) seine schwere Reiterei unter Gottfried Heinrich Graf zu Pappenheim mit dem gewohnten Ungestüm gegen die gegnerischen Linien vorpreschen sah.

Die protestantische Sache schien zu diesem Zeitpunkt des Dreißigjährigen Krieges nahezu verloren. Zwar hatte der Kriegseintritt Schwedens die Niederlage zunächst abgewendet. Doch mit der Plünderung und kompletten Zerstörung Magdeburgs im Mai statuierte der über 70-jährige, sieggewohnte Feldherr Tilly ein grausames Exempel, das der Schwedenkönig nicht hatte verhindern können. Die Kaiserlichen waren sich ihres Erfolgs sicher, als sie im September vor den Toren des strategisch wichtigen Leipzig zur Schlacht gestellt wurden. Auch wenn ihnen das Heer des Gegners durch das frische Bündnis mit dem sächsischen Kurfürsten leicht überlegen war: Bei Breitenfeld lagen 40.000 Kaiserliche 47.000 Schweden und Sachsen gegenüber.

Gustav II. Adolf, zu diesem Zeitpunkt 37 Jahre alt, hatte erkannt, dass den Feuerwaffen die Zukunft gehörte. Seine »Schwedische Ordonanz« baute auf bewegliche Einheiten mit einer großen Zahl an Musketen. Die schwedische Artillerie schoss um ein Vielfaches schneller als die kaiserliche. Trotzdem war der Ausgang des Treffens lange ungewiss. Schließlich überrannte der König das kaiserliche Zentrum kurz entschlossen an der Spitze seiner besten Truppen in einem tollkühnen Angriff. Sofort richteten die Schweden die erbeuteten Kanonen gegen die wankenden kaiserlichen Linien, die sich nun in wilder Flucht komplett auflösten. Tilly ent

»Gustav Adolph, Christ und Held
Rettete bei Breitenfeld
Glaubens-Freiheit für die Welt
Am 7. September 1631«

Gustav II. Adolf
(1594–1632), König
von Schweden, schlug
in der Schlacht am
7. September 1631
den bis dahin unbe-
siegten kaiserlichen
Heerführer Tilly

◀

Das Denkmal wurde
vom Besitzer Breiten-
felds, Ferdinand
Gruner, gestiftet und
am 7. September 1831
auf dem Gelände
des Rittergutes
errichtet. Seit 1946
befindet sich das
Gelände in schwe-
dischem Eigentum

dischen Kriegseintritt vor allem hand-feste Großmachtinteressen. Bei Breiten-feld wurde der Protestantismus gerettet, doch um Glaubensfreiheit im eigentli-chen Sinn ging es nur bedingt: So gab es in Schweden selbst seit 1617 ein Gesetz, das die Konvertierung zum Katholizis-mus unter Todesstrafe stellte.

Graf Tilly erlag wenige Monate nach der Schlacht einer Verwundung. Als sich das kaiserliche Heer im Folgejahr zu einer weiteren Schlacht im Raum Leipzig stell-te, stand es deshalb wieder unter dem Befehl des Albrecht Wenzel Eusebius von Waldstein, genannt Wallenstein.

König Gustav Adolf fiel bei Lützen und wurde in der Folge zu einer fast my-thischen Figur.

Bei Breitenfeld kam es dann im Jahr 1642 zu einer weiteren Schlacht. Wieder siegten die Schweden unter General Len-nart Torstenson. Der kannte das Terrain bestens, denn er hatte elf Jahre zuvor die überlegene Artillerie befehligt. Ergebnis war die schwedische Besetzung Leipzigs bis 1650. Zwar sicherte dies die lutheri-sche Glaubensausübung, doch die verrohten Lands-knechte der letzten Kriegsjahre waren nicht mehr die frommen schwedischen Bauernsöhne des Jahres 1631. Sie führten ein gnadenlos tyrannisches Regi-ment in der Stadt.

Jene erste Schlacht bei Breitenfeld aber darf trotz allem als eines der wichtigsten Daten in der Geschichte des lutherischen Glaubensbekenntnis-ses gelten.

kam mit knapper Not nach Halle. Wer von seinen Söldnern nicht fiel oder desertierte, ließ sich von den Schweden anwerben. Gustav Adolf war trotz beträchtlicher Verluste nach der Schlacht stärker als davor. Schiller beschreibt den jungen König in seiner »Geschichte des Dreyssigjährigen Kriegs« mit ungezügelter Schwärmerei als den »ersten und einzigen gerechten Eroberer«. Heute allerdings sieht die Geschichtsschreibung hinter dem schwe-

●

Schönes und Gelehrtes

VON DORIS MUNDUS

Das Buch- und Schriftmuseum

Innerhalb der Deutschen Nationalbibliothek am Deutschen Platz findet sich das älteste Buchmuseum der Welt. Es ging 1884 aus dem deutschen Buchgewerbemuseum hervor und wurde 1950 der Deutschen Bücherei angegliedert. Hier werden von namhaften Wissenschaftlern etwa eine Million wertvolle Zeugnisse der Buch-, Schrift- und Papierkultur gesammelt, bewahrt, erschlossen, ausgestellt und publiziert. Im Mai 2011 konnte ein repräsentativer Neubau eröffnet werden, in dem die neue Dauerausstellung »Zeichen – Bücher – Netze: Von der Keilschrift zum Binärcode« zu sehen ist.

▶ www.dnb.de

Der Leipziger Geschichtsverein

Der Verein wurde 1867 gegründet und gehört zu den ältesten der Stadt. Die Erforschung und Popularisierung der Geschichte der Stadt und die Pflege ihrer Denkmale sind über die annähernd 150 Jahre kontinuierlich wichtige Aufgaben geblieben und konnten über alle Zeitläufe hinweg durch aktives und öffentliches Wirken des Vereins umgesetzt werden. Heute hat der Verein annähernd 300 Mitglieder, gibt eine jährliche Schriftenreihe und andere Publikationen heraus und initiierte und erarbeitet die vierbändige Leipziger Stadtgeschichte zum 1000. Jahrestag der Ersterwähnung Leipzigs im Jahr 2015.

▶ www.leipziger-geschichtsverein.de

Die Stadtbibliothek

Bereits 1677 von Huldreich Groß gegründet, hat die Leipziger Stadt-
bibliothek nach ihren schweren Kriegsverlusten und langjährigen
Provisorien seit 2012 ein saniertes Gebäude, das einer öffentlichen,
hohen Ansprüchen genügenden Bibliothek würdig ist. Mit 430.000
Medieneinheiten, der angeschlossenen Musik- und Regionalkund-
lichen Bibliothek, der Lesemöglichkeit der aktuellen internationalen
Presse an Computerarbeitsplätzen und diversen Online-Diensten ist
sie nicht nur besonders dienstleistungsorientiert, sondern gilt als eine
der bestandsreichsten öffentlichen Bibliotheken Deutschlands.

▶ www.stadtbibliothek.leipzig.de

Das Museum der bildenden Künste

Eine der ältesten bürgerlichen Gemäldesammlungen Deutschlands, gestiftet Mitte des 19. Jahrhunderts vom Leipziger Kunstverein, hat nach
der Zerstörung des Museumsbaus am Augustusplatz im Zweiten Weltkrieg und diversen Provisorien seit dem Jahr 2004 wieder ein adäquates
Domizil in der Katharinenstraße. Der Gesamtbestand umfasst ca.
3.500 Gemälde, 1.000 Skulpturen und 60.000 grafische Blätter vom
Spätmittelalter bis zur Gegenwart. Bedeutendster Teil der Sammlung
sind Werke niederländischer und deutscher Alter Meister. Auf 7.000 m²
Ausstellungsfläche werden Gemälde, Grafiken und Plastiken und
wechselnde Sonderausstellungen gezeigt.

▶ www.mdbk.de

Das Mendelssohnhaus

Am 4. November 1997, dem 150. Todestag
Felix Mendelssohn Bartholdys, konnte die
ehemalige Wohnung in der heutigen Gold-
schmidtstraße 12, in der die Familie 1845 bis
1847 lebte, als Museum und Konzertstätte eröffnet werden. Es ist das Verdienst der Internationalen Mendelssohn-Stiftung, gegründet
1991 von Kurt Masur, das einzige erhaltene
Wohnhaus Mendelssohns, gleichzeitig sein
Sterbehaus, vor Verfall und drohendem Ab-
riss zu retten und in jahrelangem zähen Rin-
gen das Geld für die Sanierung aufzubringen.
Zu Mendelssohns 205. Geburtstag im Februar
2014 wurde das Haus nach umfangreichen
Umbauten als interaktives Museum wieder

geöffnet. Man kann Lebens- und Arbeitsum-
feld des weltgewandten Komponisten, Dirigenten, Instrumentalisten, Malers, Reisen-
den und Briefeschreibers in authentischer
Atmosphäre, mit originalen Möbeln, Ausstel-
lungsstücken und informativen Texten und
nahezu alle Facetten des Rast- und Ruhelosen,
des Familienmenschen und Liebhabers musi-
kalischer Späße und vor allem von Süßspei-
sen kennenlernen. Und man kann Mendelssohns Musik selbst dirigieren. Im Musiksalon
finden gut besuchte sonntägliche Matinee-
konzerte statt.

▶ www.mendelssohn-stiftung.de

KIRCHEN DER STADT

Leipziger Gotteshäuser haben Geschichte geschrieben: die Thomaskirche mit dem Thomancherchor, die brutal gesprengte Pauliner- kirche, die Nikolaikirche als Ausgangspunkt der Friedlichen Revolution von 1989. Doch auch über die bekannten Orte der Innenstadt hinaus gibt es in Leipzigs reicher Kirchenlandschaft noch einiges mehr zu entdecken!

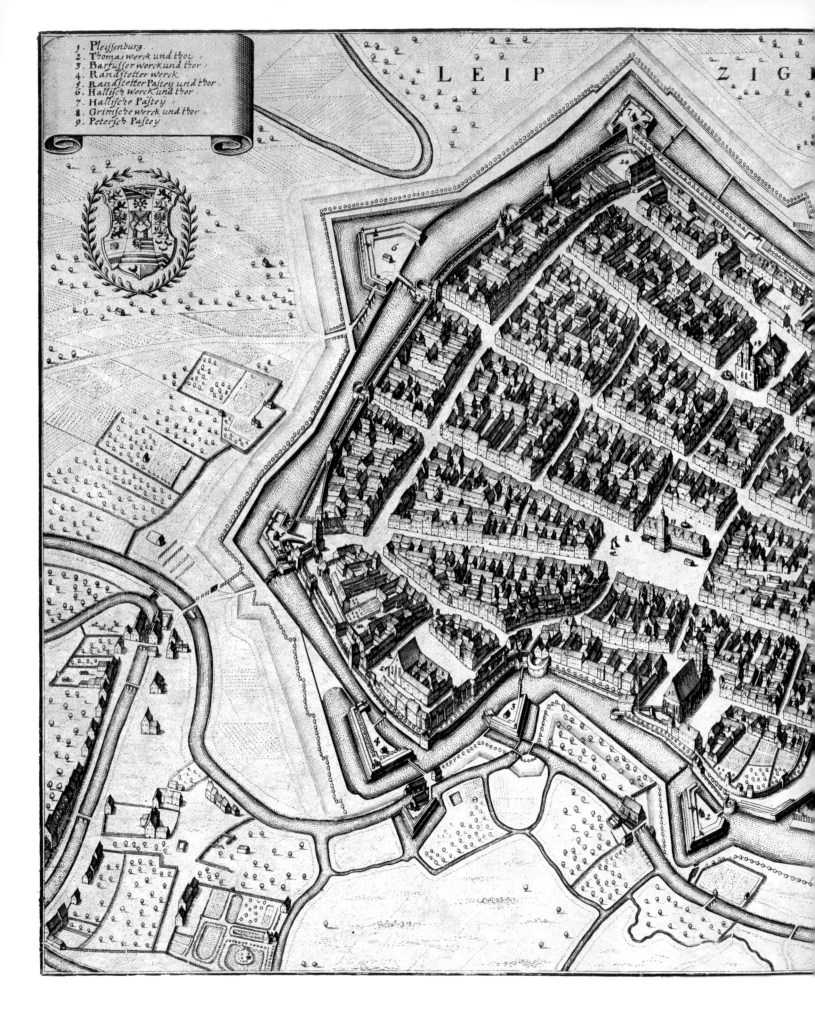

1. Pleissenburg.
2. Thomas werck und thor,
3. Barfusser werck und thor,
4. Randstetter werck
5. Randstetter Pastey und thor,
6. Hallisch werck und thor,
7. Hallische Pastey
8. Grimsche werck und thor,
9. Petersche Pastey

LEIP ZIG

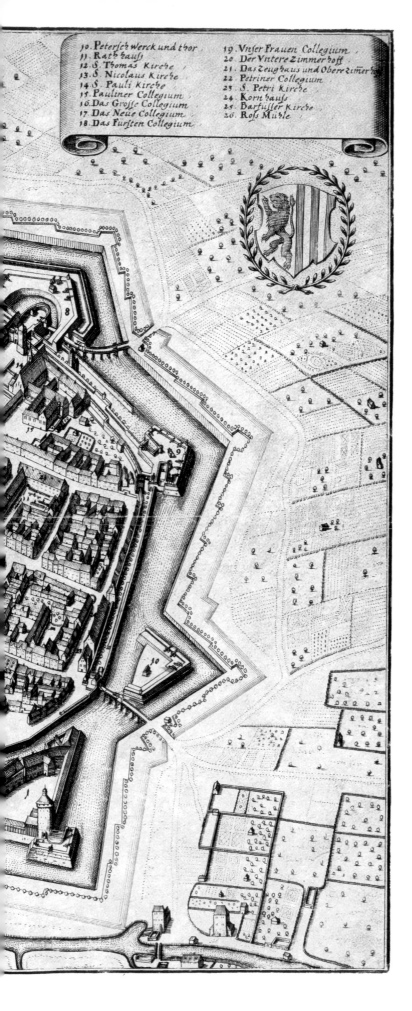

»Seht, das Zelt Gottes unter den Menschen!«

Leipzigs weltberühmte Kirchen

—

VON MARTIN HENKER

◄
»Leipzigk um 1650.«
Kupferstich nach
Matthäus Merian d. Ä.
Eine der frühen Abbil-
dungen der Stadt mit
ihren Außenwerken,
die zeigt, wie jeder
vorhandene inner-
städtische Raum ge-
nutzt werden musste

E intausend Jahre Stadt- und Kirchengeschichte hat Leipzig erlebt. Vom Anfang bis in die Mitte des 19. Jahrhunderts konzentrierte sich das Leben auf eine Fläche von 800 mal 800 Meter. In der Mitte der Stadt standen viele Jahrhunderte lang mehrere Klosterkirchen und die von Anfang an als Gemeindekirche dienende Niko-laikirche. Das rasante Wachsen der Stadt führte am Ende des 19. Jahrhunderts zu Veränderungsprozessen mit großer Dyna-mik. 1871 zählte Leipzig 106.000 Einwohner. Dreißig Jahre spä-ter wohnten dann schon ca. 400.000 Menschen in der Stadt. Zwischen 1884 und 1904 wurden deshalb in Leipzig 15 große Stadtkirchen neu errichtet.

Heute bilden in der Innenstadt die Thomas- und die Nikolai-kirche das Zentrum des kirchlichen Lebens in Leipzig. Es ist ein großer Segen, dass beide Kirchen mit der Stadtgeschichte und darüber hinaus der deutschen, ja europäischen Geschichte ver-bunden sind. Unmittelbar am Innenstadtring entsteht gegen-wärtig die neue katholische Trinitatiskirche. Die Evangelisch Reformierte Kirche hat ihren Platz dort seit 1899. Eine Beson-derheit ist die orthodoxe Kirche im Süden der Stadt.

◄
Beim Betreten des
Innenraumes der
Nikolaikirche hebt
man unwillkürlich
den Kopf, um den mit
Palmen gekrönten
Säulen nachzu-
schweifen; gleichsam
eine Architektur, die
aufrichtet

▶
Die noch aus roma-
nischer Zeit stam-
mende Westfront der
Nikolaikirche, älteste
Bausubstanz der
Stadt, in abendlichem
Glanz

Die Stadt- und Pfarrkirche St. Nikolai

Neben dem Hauptportal der Nikolaikirche steht auf einem Mes-
singschild »Stadt- und Pfarrkirche St. Nikolai«. Damit ist ihre
Funktion kurz und prägnant umschrieben. Sie war für Jahrhunderte die Kirche der Leipziger Bürgerinnen und Bürger. Als
um 1165 die Händler- und Handwerkersiedlung »urbs libzi« von
Markgraf Otto dem Reichen von Meißen das Stadtrecht erhielt,
stand in der Nähe der Kreuzung zweier bedeutender mittelal-
terlicher Handelsstraßen bereits eine dem heiligen Nikolaus,
dem Schutzpatron der Kaufleute, geweihte romanische Kirche.
Die Westfront der heutigen Nikolaikirche stammt aus der
romanischen Zeit und ist somit die älteste noch vorhandene
Bausubstanz in der Stadt. An der Geschichte der Nikolaikirche
lassen sich wichtige Stationen der Stadtentwicklung ablesen.

Im 15. Jahrhundert kam es zu einem ersten Entwicklungs-
schub der Stadt. Die Universitätsgründung von 1409 und der
erneut auflebende Silberabbau im Erzgebirge führten zu einem
umfassenden wirtschaftlichen Aufschwung. Die Verleihung
des Messeprivilegs durch Kaiser Maximilian (1497 und 1507)
krönte diese Entwicklung. Eine intensive Bautätigkeit begann
in der Stadt. Die romanische Basilika musste einer größeren
spätgotischen Hallenkirche weichen. Am 31. Mai 1525 weihte
der Bischof von Merseburg die neue Kirche mitten in den Aus-
einandersetzungen um die Lehren Martin Luthers. Von der
mittelalterlichen Ausstattung blieb nur wenig erhalten. Bedeu-
tendstes Stück ist die sogenannte »Lutherkanzel«, die heute in
der Nordkapelle der Nikolaikirche steht. Die Bezeichnung der
Kanzel ist zwar alt, aber nicht durch eine nachweisliche Predigt Martin Luthers belegbar.

Der Funktion der Nikolaikirche als Stadt- und Pfarrkirche
entsprechend wurde Johann Sebastian Bach hier 1723 am Sonn-
tag vor Pfingsten (30. Mai) im Gottesdienst in sein Amt einge-
führt. Viele seiner Werke erlebten hier ihre Uraufführung, denn
sein Dienstvertrag legte fest, dass er die sonntägliche Kirchen-
musik abwechselnd in der Nikolai- und der Thomaskirche zu

gestalten habe, zu den hohen kirchlichen Festen am ersten Feiertag in der Nikolai-, am zweiten Feiertag in der Thomaskirche.

Das Selbstbewusstsein der Bürger Leipzigs zeigte sich immer wieder in kühnen und großartigen Gestaltungsideen für
»ihre« Kirche. Aus Anlass des 200-jährigen Jubiläums des Augs-
burger Bekenntnisses im Jahr 1730 wurden der Hauptturm der
Kirche erhöht und Haube sowie Laterne im Stil des Barock neu
geschaffen. Der ganz große Eingriff in den Kirchenbau geschah
aber am Ende des 18. Jahrhunderts durch die völlige Umgestal-
tung des Kircheninneren. Ein französischer Jesuit hatte Ideen
veröffentlicht, wie alte (d. h. gotische) Kirchen im Geist der
Aufklärung umgebaut werden könnten. Nach diesem Konzept
wurde von 1784 bis 1797 der Innenraum der Nikolaikirche klas-
sizistisch umgebaut. Es entstand die heutige Gestaltung der
Kirche, einmalig in dieser stringenten Durchführung. Der Rat
wurde anfangs mit Hinweisen auf die Standfestigkeit der Em-
poren und erneuerungsbedürftige Kirchenbänke zum Beschluss einer Bausumme von 14.000 Talern bewegt. Was diesem Beschluss folgte, nennt man heute in der Baubranche
»Nachträge«. Am Ende standen 186.000 Taler für den Umbau zu
Buche. Als am Neujahrstag 1797 die Kirche geöffnet und wieder
geweiht wurde, staunte die ganze Stadt, und man sprach vom
»Schauspielsaal des lieben Gottes«.

Der Geist der Aufklärung, wie er nun in der Nikolaikirche Gestalt gewonnen hatte, verdeutlicht sich gut in der Gestaltung des Altars. Das Altarbild stellt die Auferstehung Christi dar, dessen Körper keine Spuren der Kreuzigung trägt. Ein Kreuz sah die Neugestaltung des Kirchenraumes an keiner Stelle vor. Erst nach Protesten wurde nachträglich unter dem Auferstehungsbild ein Kruzifix aufgestellt.

Eine letzte große Veränderung erfolgte zwischen 1859 und 1862 mit dem Einbau der riesigen Orgel. Friedrich Ladegast erhielt den Auftrag dazu. 1901/02 wurde die Orgel umgebaut und nochmals erweitert. Nach der deutschen Wiedervereinigung wurde es möglich, die Orgel zu erneuern und den Zustand von 1862 wiederherzustellen. 2004 schloss die Orgelbaufirma Eule dieses große Werk ab.

Aus einem Hinweisschild auf die während der Baumaßnahmen in den 1980er Jahren für Besucher geöffnete Kirchentür entstand das Motto, unter dem die Nikolaikirche weit bekannt wurde. Damals war auf dem Schild über einem Pfeil zu lesen: »Nikolaikirche – offen für alle«. In den Friedensgebeten realisierte sich erneut auf einmalige Weise die Funktion der Stadt- und Pfarrkirche. Von 10 bis 18 Uhr ist die Kirchentür heute täglich geöffnet. Vom Hauptportal richtet sich der Blick der Eintretenden auf den Altar mit dem Auferstehungsbild, dem Kruzifix und einer brennenden Kerze. Keine Schwelle erschwert den Zutritt. Menschen aus aller Herren Länder nehmen die Einladung an, hier zur Ruhe zu kommen und Kraft zu schöpfen.

Die Thomaskirche

Am 20. März 1212 ließ sich Markgraf Dietrich II. auf dem Reichstag zu Frankfurt am Main vom Kaiser die Gründung eines Klosters und eines Hospitals bei Leipzig bestätigen. Mit diesem Akt versuchte der Markgraf, sich Einflussmöglichkeiten auf das Kirchenwesen der Stadt zu sichern, indem es den Augustinerchorherren des neuen Thomasstifts unterstellt wurde. Das Selbstbewusstsein der Bürger in der aufstrebenden Stadt wehrte sich vehement gegen diese »von oben« verordnete Aufsicht durch Diebstahl von Baumaterial und nächtliche Zerstörungen auf der Baustelle. Einige Quellen sprechen sogar von einem »Aufstand« der Bürgerschaft.

Die Thomaskirche gehörte von Anfang an zum Thomasstift, mit dem auch eine Schule verbunden war, deren Chor die Wurzel des heutigen Thomanerchores ist. Bei Ausgrabungen entdeckte man Grundmauern einer Kirche aus der Zeit der Stadtgründung. Ihr romanischer Altarraum wurde dann 1355 gotisch umgestaltet. In der Kirche des Thomasklosters erfolgte 1409 die Gründung der Leipziger Universität. Der wirtschaftliche Aufschwung im 15. Jahrhundert führte auch an der Thomaskirche zu umfangreichen Baumaßnahmen. 1482 brach man das romanische Kirchenschiff ab und errichtete die bis heute erhaltene spätgotische Hallenkirche. In ihr wurde mit einem Gottesdienst, in dem die Thomaner sangen, Ende Juni 1519 die Leipziger Disputation eröffnet. Hier predigte Martin Luther am

Die Thomaner
singend im Altarraum
ihrer Kirche

Das vom Architekten
Constantin Lipsius
(1832–1894) im Jahre
1886 geschaffene
imposante Portal
der Westwand der
Thomaskirche. Diese
der Promenade zuge-
wandte Fassade war
zuvor völlig schmuck-
los und wurde nach
ihrer Neugestaltung
zum Haupteingang
der Kirche

Pfingstsonntag 1539 zur Einführung der Reformation. In der Ausgestaltung dieser tiefgreifen-
den Veränderung wurde 1541 das Kloster aufgelöst und dessen Gebäude abgebrochen. Die Verantwortung für die Thomasschule und den Thomanerchor ging an die Stadt über. Die einzige
spätere Veränderung der äußeren Gestaltung
der Kirche betraf den Turm, der 1702 seine heutige Gestalt erhielt.

   Im Inneren wurde die Thomaskirche im Laufe der Jahrhunderte mehrfach entsprechend den
jeweiligen Epochen umgestaltet. In der Renovierung von 1884 bis 1889 wurde die gesamte Ausstattung aus der Barockzeit entfernt. Dadurch
blieb aus der Zeit, in der Johann Sebastian Bach
als Thomaskantor in Leipzig wirkte (1723–1750),
nur der Taufstein erhalten, an dem die in Leipzig geborenen Kinder Bachs getauft wurden. Die Kirche wurde im neugotischen
Stil umgestaltet. An der Westfront wurde das heutige Mendels-
sohn-Portal aufgesetzt. Zum Wirken von Felix Mendelssohn
Bartholdy in Leipzig gehörten seine intensiven Bemühungen,
die Musik Bachs wieder bekannt zu machen. Im April 1841 führte er die Matthäus-Passion wieder auf und startete eine Initiati-
ve zur Errichtung eines ersten Bach-Denkmals, welches unweit
der Kirche 1843 eingeweiht wurde.

   Seit 1950 beherbergt die Thomaskirche das Grab Johann Sebastian Bachs. Durch den Zweiten Weltkrieg war der alte Jo-
hannisfriedhof samt Johanniskirche schwer zerstört worden.
Die Gebeine Bachs wurden in die Thomaskirche überführt und
im Chorraum der Kirche beigesetzt.

   Nach der Wiedervereinigung Deutschlands begann 1991
die vollständige Restaurierung und Instandsetzung der Thomaskirche. In der Zeit bis zu den Feierlichkeiten zum 250. Todestag Bachs wurden in der Thomaskirche wichtige gestalteri-
sche Akzente gesetzt: 1984 Aufstellung und Weihe des Altars
der gesprengten Universitätskirche; Neugestaltung von Kir-
chenfenstern für Felix Mendelssohn Bartholdy (1997) und den
Apostel Thomas (2000). Zur Einweihung der restaurierten Thomaskirche am Pfingstfest 2000 wurde auch die neue Bach-
Orgel geweiht.

   Im Jahr 2012 feierten unter dem Motto »glauben – singen –
lernen« die Thomaskirchgemeinde, die Stadt Leipzig und viele
Gäste aus aller Welt »800 Jahre Thomana«: das Jubiläum von
Kirche, Chor und Schule. Das Themenjahr der Lutherdekade
»Reformation und Musik« ordnete das Festjahr in einen weiten
Horizont ein.

   Jeden Freitagabend und Samstagnachmittag finden in der
Thomaskirche Motetten statt, in denen der Thomanerchor regelmäßig auftritt. Wöchentlich besuchen so außer zu den beiden Sonntagsgottesdiensten viele hundert Menschen die Thomaskirche und erleben die auf höchstem künstlerischen Ni-
veau gestaltete Verkündigung des Evangeliums.

Paulineraltar, Tauf-
stein und Bachgrab -
Mittelalter, Barock und
Neuzeit im Chorraum
der Thomaskirche
vereint. Der Altar
stammt ursprünglich
aus der zerstörten
Universitätskirche und
fand im Jahre 1984
hier seine Aufstellung

▶
links: Der in eine
innerstädtische
Bebauung integrierte
Kirchenbau samt
Pfarrhaus gilt auch
als architektonisch
gelungenes Beispiel
des Historismus
im ausgehenden
19. Jahrhundert

▶
rechts: Nach einer
Bauzeit von weniger
als einem Jahr ent-
stand die Gedächtnis-
kirche, die sich
architektonisch an die
Christi-Himmelfahrts-
Kirche in Moskau
anlehnt. Geweiht am
17. Oktober 1913,
ist die Kirche mit
ihrem 55 m hohen,
von einer vergoldeten
Zwiebelkuppel
bekrönten Turm eine
der wichtigsten
Erinnerungsstätten
der Völkerschlacht

Die Evangelisch Reformierte Kirche zu Leipzig

VON ISABELLE BERNDT
Mitarbeiterin für Diakonie und Öffentlichkeitsarbeit

Deus det incrementum – Gott gebe Wachstum: Dieses Credo, als Schriftzug außen am Kirchgebäude angebracht, spiegelt auch heute noch Geschichte und Gemeindeleben der reformierten Gemeinde in der Mitte der Stadt wider. Französische Glaubensflüchtlinge (Hugenotten) fanden im Jahr 1700 eine neue Heimat im weltoffenen Leipzig, nachdem in Frankreich König Ludwig XIV. die zeitweilige Tolerierung der Hugenotten 1685 wieder rückgängig gemacht hatte. Sie legten damit den Grundstein für eine eigene reformierte Kirchengemeinde. 1899 wurde der Bau der Evangelisch Reformierten Kirche am Tröndlinring vollendet. Das berühmteste Gemeindeglied war Felix Mendelssohn Bartholdy, der seine fünf Kinder in dieser Gemeinde taufen ließ.

Im Herbst 1989 öffnete die Evangelisch Reformierte Kirche als Erste nach der Nikolaikirche ihre Türen für Friedensgebete. Vom Kirchturm aus wurden am 9. Oktober 1989 von zwei jungen Journalisten Filmaufnahmen gemacht, die dann als »Bilder eines italienischen Fernsehteams« im (West-)Fernsehen ausgestrahlt wurden und die Leipziger Montagsdemonstrationen weltweit bekannt machten.

Die Russische Gedächtniskirche zu Leipzig

VON ALEXEI TOMJUK
Erzpriester

Orthodoxe Russen und Griechen kamen bereits im 18. Jahrhundert nach Leipzig. Ihre Hauskapelle und vor allem ihre Gottesdienste und Predigten brachten deutsche Besucher nach zeitgenössischen Berichten zum Staunen und zum Gotteslob. Die Russische Gedächtniskirche entstand im Gedenken an die 22.000 Russen, die in der Völkerschlacht im Oktober 1813 fielen. Darauf weist eine Tafel am Kircheneingang hin. Eine weitere Tafel und das Grab eines russischen Soldaten erinnern an die Befreiung Leipzigs 1945 durch russische und US-amerikanische Soldaten.

Heute ist die Kirche ein Denkmal altrussischer Kultur, welche ihren Besuchern wunderschöne Einblicke bietet. In der Gedächtniskirche versammelt sich eine Gemeinde orthodoxer Christen verschiedener Nationen, die sich neben ihrem religiösen Leben um die Historie und Erhaltung dieser Kulturstätte sorgt.

Eine dynamische Architektur mit Durchgangspassage und einer lichtdurchlässigen Fensterfront, die den Text der gesamten Heiligen Schrift enthält: Der Neubau der katholischen Trinitatiskirche am – freundliche Ironie der Geschichte – Martin-Luther-Ring ist mutig und spektakulär

▶

Die in den Jahren 1845–1847 gegenüber der »Pleißenburg« erbaute Propsteikirche St. Trinitatis war Leipzigs ältester neogotischer Kirchenbau. Im Dezember 1943 und Februar 1944 durch Spreng- und Brandbomben zerstört, wurde die Ruine 1954 gesprengt. Die bereits erteilten Genehmigungen für einen Neubau wurden 1958 endgültig widerrufen

Die Propsteikirche »St. Trinitatis«

VON LOTHAR VIERHOCK
Propst

Leipzig. Das ist eine turbulente Stadt – mit guter Lebensqualität und immer eines Besuches wert. In ihr pulsiert auch katholisches Leben, das natürlich gut ökumenisch vernetzt ist. Von den katholischen Pfarreien in Leipzig ist die Propsteikirche »St. Trinitatis« die zahlenmäßig größte. Ihren ersten Gottesdienst nach der Reformation feierte sie am Pfingstmontag 1710 in der Pleißenburg (Neues Rathaus). 1847 konnte dann genau dem Rathaus gegenüber die erste katholische Kirche eingeweiht werden. Sie brannte jedoch im Dezember 1943 bei einem Bombenangriff auf Leipzig aus. Evangelische Kirchen im Zentrum Leipzigs gaben der Propstei dann neue Heimat für Gottesdienste und für die Spendung von Sakramenten. 1982 schließlich konnte die Gemeinde eine eigene, neue Kirche am Rand des Stadtzentrums beziehen. Doch diese muss schwerwiegender Bauschäden wegen aufgegeben werden. Bald steht die Propstei-

kirche wieder im Zentrum der Stadt und lädt sowohl zum Verweilen wie zu vielfältigen gottesdienstlichen Feiern und Veranstaltungen herzlich ein. Natürlich sind wir auch sozial-diakonisch in Beratungsdiensten und Einrichtungen der Caritas tätig; ein Krankenhaus komplettiert dieses Spektrum. Bildung und Erziehung sind ebenfalls wichtige Anliegen unserer Kirche. Dafür sprechen der Unterhalt des Maria-Montessori-Schulzentrums, Kindergärten, das Leibniz-Forum und ein vielfältiges Angebot an Bildungsveranstaltungen, die für alle interessierten Menschen offen stehen. Erwähnenswert ist auch die Kontaktstelle »Orientierung / Raum der Stille« im Stadtzentrum, die Beratung und Information in Glaubens- und Lebensfragen anbietet.

Schauen Sie sich unsere Kirche an: In Begegnung und Gespräch kann man noch viel Wissenswertes erfahren. ●

Das Verbrechen an der Paulinerkirche

Die Geschichte der Universitätskirche

—

VON KLAUS FITSCHEN

Als im Jahre 1543 Herzog Moritz von Sachsen das durch die Reformation nicht mehr benötigte Dominikanerkloster der Universität schenkte, wurde ihr auch die 1240 geweihte Klosterkirche zugeeignet. Der Nutzung nach blieb die Kirche eine Kirche, wenn auch als »Templum Academicum«. Hier fanden bis in die Zeit der SED-Diktatur hinein Gottesdienste statt, die nicht allein Sache der Theologischen Fakultät waren, hier hatten aber auch Doktorpromotionen, Antrittsreden von Rektoren, andere akademische Feiern und die Musik ihren Platz: Bach und Mendelssohn waren hier zu sehen und zu hören. Allerdings machten die Gottesdienste den bedeutendsten Teil der Veranstaltungen aus. In den Zeiten der Universitätsgeschichte, in denen die Theologische Fakultät einen bedeutenden Teil der Studenten und Professoren stellte, spielten Gottesdienste und Predigten – bei Trauerfeiern, an Festtagen oder zur Übung für angehende Pfarrer – eine große Rolle. Von 1710 an wurden in der Kirche regelmäßig Sonntagsgottesdienste gefeiert, und seit 1834 gibt es das Amt des Ersten Universitätspredigers, das bis heute besteht.

Schon vor der Reformation hatten sich Rektoren und Professoren in der Kirche bestatten lassen. Diese Tradition setzte sich bis ins 18. Jahrhundert hinein fort, so dass viele der heute glücklicherweise erhaltenen Epitaphien in Text und Bild jeweils ein Stück Universitätskirche dokumentieren.

Im Laufe der Jahrhunderte wurde die Kirche immer wieder umgebaut. Dies geschah schon im Zuge der Reformation und setzte sich zu Beginn des 18. Jahrhunderts fort, als die Kirche noch stärker auf die Bedürfnisse des evangelischen Gottesdienstes mit seiner Wertschätzung der Predigt ausgerichtet wurde. Als in den 1830er Jahren ein neues Universitätsgebäude anstelle der alten Klostergebäude errichtet wurde, erhielt die Kirche eine neue Ostfassade zum Augustusplatz hin, die Ende des 19. Jahrhunderts noch einmal in neogotischem Stil verändert wurde.

Den Zweiten Weltkrieg hatte die Universitätskirche unbeschadet überstanden. 23 Jahre später wurde sie auf Anweisung der SED-Herrscher zerstört.

Den Zweiten Weltkrieg überstand die Universitätskirche unversehrt. Das gottesdienstliche und musikalische Leben setzte sich fort. Die unter der Herrschaft der SED stehende Universitätsleitung aber gab die Kirche preis, als es darum ging, eine neue, sozialistische Universität zu erbauen, deren Bildungsideale in ideologischem Gehorsam und unmittelbarer Nützlichkeit aller Wissenschaft bestanden. Für die Kirche war kein Platz mehr, weder räumlich noch geistig. Am 30. Mai 1968 wurde sie gesprengt, für die Bergung der Epitaphien und anderer Kunst- und Einrichtungsgegenstände wie der barocken Kanzel blieb sehr wenig Zeit. Da, wo die Kirche gestanden hatte, stand nun ein Teil eines neuen Universitätsgebäudes mit einem Karl-Marx-Relief.

Mit dem Ende der SED-Diktatur konnte endlich offen an die Universitätskirche erinnert werden. Jetzt stellte sich die Frage der Vergangenheitsbewältigung und auch die nach einem Wiederaufbau der Kirche. Dazu ergab sich die Möglichkeit, als das »sozialistische« Universitätsgebäude durch einen Neubau ersetzt wurde (▶ S. 6/7). Fraglich und strittig war dabei, was man eigentlich bauen sollte: eine Kopie des Originals, eine moderne Kirche, ein Gebäude, das Kirche und zugleich Aula sein konnte, oder nur eine Aula.

Der Kompromiss bestand nach außen hin in einem Baukörper, in dem sich die Situation der Zerstörung in der Fassade abbildet. Nach innen hin blieb und bleibt noch strittig, wie ganz verschiedene Interessen – liturgische, konservatorische, musikalische und gelegentlich auch ideologische – in der »Aula / Universitätskirche« Berücksichtigung finden können. ●

▶ **PROF. DR. KLAUS FITSCHEN**
ist Inhaber des Lehrstuhls für Neuere Kirchengeschichte
an der Universität Leipzig.

800 Jahre Kultur-
geschichte sinken
in den Staub

Aus der Enge in die Kirche, aus der Kirche auf die Straße

Leipzig und die »Friedliche Revolution«

—

VON FRANK PÖRNER

Die Nikolaikirche in Leipzig ist 1989 zum Symbol der Friedlichen Revolution geworden. Sie ist der Ort, an dem sich schon lange vorher Entwicklungen vollzogen haben, die im Herbst 1989 das auslösten, was im Sprachgebrauch etwas kurz als »Wende« bezeichnet wird. Diese Entwicklungen sind eng verknüpft mit dem Phänomen der Friedensgebete. Hier dürfte der Ansatz zu suchen sein, warum das Ende der DDR von Leipzig ausging und warum es in Leipzig gerade die Nikolaikirche war. Friedensgebete hat es im Angesicht des Wettrüstens in Ost und West seit Beginn der 1980er Jahre in ganz Deutschland gegeben. Mit der allen Protesten zum Trotz dennoch erfolgenden Aufrüstung im Osten und Nachrüstung im Westen schwand die Hoffnung, mit Gebeten etwas bewirken zu können. Die Teilnehmerzahlen sanken, die Friedensgebete wurden mangels Beteiligung eingestellt. Die Besonderheit in Leipzig war, dass eine kleine Schar Unentwegter sich nicht beeindrucken ließ und unbeirrt die Gebete fortsetzte, zeitweise in einer kleinen Nebenkapelle: »Wo zwei oder drei von euch versammelt sind in meinem Namen, da bin ich mitten unter ihnen.« Mitte der 1980er Jahre erforderte die

Stagnation in der DDR förmlich Diskussionsräume, die es im öffentlichen Leben nicht gab. Aber es gab die regelmäßige Institution Friedensgebet, die inhaltlich ausgeweitet werden konnte mit den Themen des konziliaren Prozesses »Gerechtigkeit, Frieden und Bewahrung der Schöpfung«. Basisgruppen, die sich selbst in bewusster Abgrenzung zur »Amtskirche« so nannten, fanden hier den Ort, diese Themen in eine Teilöffentlichkeit zu bringen.

Hätte es auch eine andere Kirche in Leipzig sein können? Wohl kaum: Die Innenstadtlage war sicher eine wichtige Voraussetzung, um überhaupt bemerkt zu werden. Die Thomaskirche kam dafür aber nicht in Betracht. Die Rollenverteilung zwischen den beiden Innenstadtkirchen hatte sich seit Jahren eingespielt: Die Thomaskirche stand für die Tradition, insbesondere durch die Thomaner, die Nikolaikirche für neue Entwicklungen, die Aufgeschlossenheit für die Jugend. Jugendgottesdienste fanden hier statt, und der aus vielen jüngeren Leuten bestehende Kirchenvorstand war offen für das, was da brodelte. Das Miteinander war in der zweiten Hälfte der 1980er Jahre zwar durchaus auch konfliktreich, aber es war, im Gegensatz zu an-

▶
Vor der Stadtkirche
St. Nikolai erinnert
die Nachbildung einer
ihrer klassizistischen
Säulen an das Her-
austreten des wider-
ständigen Geistes
aus dem Schutzraum
der Kirche – der Be-
ginn der Friedlichen
Revolution von 1989

◀ S. 72
Friedensgebet in
der Nikolaikirche
im Herbst 1989:
Gottesdienst mit
Information, Verkün-
digung und Gebet

deren Gemeinden, überhaupt möglich. Verschiedene Vorstellungen prallten aufeinander, was Friedensgebete sein sollten und sein konnten. Viele Protagonisten der Basisgruppen hatten keinen Bezug zum christlichen Glauben: Ergebnis von 40 Jahren DDR. Das Wirken der Staatssicherheit auch innerhalb der Basisgruppen mit der Zielstellung, Konflikte zu schüren, konnte nicht ausgeschlossen werden und bestätigte sich später nach Offenlegung der Akten. Konfliktpotenzial war also reichlich vorhanden, und wie groß Vorbehalte oder auch Ängste andernorts waren, wird nicht zuletzt daran deutlich, dass es im September 1989, als die Kirche die Menschenmengen längst nicht mehr fassen konnte, vier Wochen dauerte, bis auch nur eine Kirche – die Reformierte Kirche – ein weiteres Friedensgebet anbot, um einen Teil derer aufzunehmen, die wegen Überfüllung der Nikolaikirche abgewiesen werden mussten. Die Demonstrationen des Herbstes 1989 nahmen in den Friedensgebeten ihren Ausgang, aber sie waren keine kirchliche Veranstaltung. Das Volk organisierte sich selbst. Sicher waren es die Demonstrationen, die dann den Verlauf der Geschichte bestimmten. Nur hätte dieser Protestbewegung ohne die Friedensgebete das Zentrum, das Herz, gefehlt, und vielleicht auch der Frieden, der über dieser Revolution lag. Hier war deutlich zu sehen, welche Bedeutung eine Kirche auch als Bauwerk hat, als Ort, an dem sich Menschen versammeln. Es ist einfach nicht vorstellbar, dass sich die Ereignisse dieser Zeit aus einer Wohnung heraus, in der Menschen zum Gebet zusammenkommen, so entwickelt hätten. Wir sollten Kirchen erhalten und nicht aufgeben, es sind besondere Orte. Abschließend zwei Blicke zurück in die Geschichte: Die Nikolaikirche wurde wohl Mitte des 12. Jahrhunderts erbaut, aber erst 1213 zum ersten Mal urkundlich erwähnt: im Zusammenhang mit einem Aufstand der Bürger gegen ihren Landesherrn, damals der Markgraf von Meißen.

Er war den Selbständigkeitsbestrebungen der Bürger mit einem Verwaltungsakt entgegengetreten. Mit Hilfe des Kaisers behielt er letztlich die Oberhand. 1989 griff zum Glück kein Kaiser und auch keine Besatzungsmacht mehr ein. Seit 1797 aber ziert den Schlussstein des Altarraumes die Darstellung eines Friedensengels, passend zu dem, was knapp 200 Jahre später Realität werden sollte. ●

▶ FRANK PÖRNER
ist Mitglied des Kirchenvorstandes von St. Nikolai.

Kirche in der Stadt

Der Kirchenbezirk Leipzig

EVANGELISCH-LUTHERISCHER KIRCHENBEZIRK LEIPZIG

Seit 2008 verwenden wir als Signet einen Entwurf des Leipziger Künstlers Matthias Klemm, in dem er Wesentliches für Kirche in der Großstadt darstellte: Eine Vielfalt an Formen erinnert an Hochhäuser und verdeutlicht so die Pluralität der Lebensentwürfe und -vollzüge. Dennoch ist die Form des Kreuzes unschwer zu erkennen. Am Fuß dieses kreuzförmigen Hochhausgebildes ist eine ganz andere Form gezeichnet. Eine offene Tür? Ein Flügelaltar? Eine Kanzel? Eindeutig ist: Aus dieser Form wächst ein Zweig, sprosst Leben hinein in die Vielfalt und Verschiedenheit.

Heute gehören zu den 45 Kirchgemeinden des Kirchenbezirks 72.000 evangelische Christen. In 17 Kindertagesstätten in der Trägerschaft von Kirchgemeinden geschieht die umfangreichste Arbeit. Der Kirchenbezirk ist Träger mehrerer Einrichtungen. In dem 1991 gegründeten Evangelischen Schulzentrum lernen über 1.100 Schüler. In der Kirchlichen Erwerbsloseninitiative erhalten Menschen Beratung und Begleitung. Leipzig ist eine Modellregion im Projekt »Kurse zum Glauben« der Evangelischen Kirche in Deutschland. Mehrere Glaubenskurse finden jedes Jahr statt. 2012 wurden in den Kirchgemeinden 100 Erwachsene und Jugendliche getauft.

▶ www.kirche-leipzig.de

Ev.-luth. Missionswerk Leipzig e.V.

Das Evangelisch-Lutherische Missionswerk Leipzig e.V. ist seit 1836 ein international arbeitendes Werk, das spirituellen, interkulturellen und interreligiösen Austausch ermöglicht. Wir stehen für globales Lernen in ökumenischer Perspektive und bringen die vielfältige Spiritualität, Themen und Perspektiven der Partner in Indien, Tansania und Papua-Neuguinea in die Evangelische Kirche in Mitteldeutschland und die Evangelisch-Lutherische Landeskirche Sachsens ein.

▶ www.lmw-mission.de

Diakonisches Werk Innere Mission Leipzig e.V.

Das Diakonische Werk Innere Mission Leipzig e.V. ist für alte und pflegebedürftige Menschen, Menschen mit Behinderungen, Kinder und Jugendliche sowie Menschen in sozialen und seelischen Notlagen tätig. Insgesamt sind hier ca. 1.000 Mitarbeitende in über 40 Einrichtungen beschäftigt. Das Werk wurde im Jahr 1869 gegründet und ist heute einer der größten Anbieter in der Wohlfahrtspflege. Etwa 1.400 Mitglieder, viele Spender sowie ehrenamtliche Mitarbeiterinnen und Mitarbeiter unterstützen die Arbeit der Diakonie.

▶ www.diakonie-leipzig.de

Das Ev.-luth. Diakonissenhaus Leipzig und das Ev. Diakonissenkrankenhaus Leipzig

Neben einer großen Zahl von Gemeindeschwesternstationen in Leipzig und Umgebung war das vorrangige Arbeitsfeld der Diakonissen das 1900 im Leipziger Westen gegründete Krankenhaus, errichtet aus sozialer Verantwortung für die Armen in der Gesellschaft. Heute nimmt das Diakonissenhaus diese Verantwortung u. a. durch medizinische Versorgung von Kindern aus Kriegs- und Krisengebieten der Welt wahr. »Die Liebe Christi dringet uns also« – dieses Wort aus dem Neuen Testament verstehen die Diakonissen als ihren Auftrag.

Mit anderen Schwestern- und Bruderschaften haben die Diakonissen damals eine Form für soziale Arbeit in großem Maßstab gefunden. Zur Form dieser Arbeit gehört ein zeichenhaftes Leben in einer Solidargemeinschaft, das sich für die Schwachen in der Gesellschaft zur Verfügung stellt. Verfügbar zu sein für den Auftrag Jesu zur Diakonie bedeutet für die Diakonissen: Verzicht auf Besitz, auf Erfülltheit in einer eigenen Familie und auf Freizügigkeit in der Wahl von Arbeitsplatz und Lebensumfeld.

Das Diakonissenkrankenhaus ist Akademisches Lehrkrankenhaus und gehört der edia.con-Gruppe an. Alle Mitarbeitenden versuchen in der täglichen Arbeit dem Leitspruch des Diakonissenkrankenhauses »Zuwendung und Vertrauen« gerecht zu werden.

Die Diakonissen-Schwesternschaft ist klein geworden. Dafür gibt es Einsegnungen in die »Diakonische Gemeinschaft«. Mutterhaus-Kapelle und der Andachtsraum im Krankenhaus sind Orte regelmäßiger Gottesdienste, Bibelarbeiten, Anbetungs- und Fürbittandachten.

▶ www.diako-leipzig.de

Gustav-Adolf-Werk e.V.

Nach Ideen des Leipziger Superintendenten Christian Großmann wurde das Gustav-Adolf-Werk 1832 in Leipzig gegründet. Es ist eine Vereinigung, die seither evangelische Gemeinden unterstützt, die sich in Notlagen befinden. Weltweit zählen evangelische Christen beim Gemeindeaufbau, bei der Renovierung oder beim Neubau von Kirchen und Gemeindehäusern, bei sozialdiakonischen und missionarischen Aufgaben auf das GAW. Für seine Arbeit erhält das Hilfswerk keine Gelder der staatlichen Entwicklungshilfe. Die Arbeit des Gustav-Adolf-Werkes ist nur möglich dank der Spenden und Kollekten evangelischer Christen, die mit ihren Glaubensgeschwistern weltweit solidarisch sind.

▶ www.gustav-adolf-werk.de

Der Alte Johannisfriedhof

Der älteste Friedhof der Stadt wurde 1278 angelegt und später der Johanniskirche angegliedert. Mehrfach erweitert und im Stile eines Camposanto ausgebaut, diente er bis 1883 als Begräbnisstätte. Die Gebeine des hier 1750 beigesetzten Johann Sebastian Bach wurden in die Gruft der 1894 vergrößerten Johanniskirche gebracht. Durch Überbauung wurden immer wieder Abteilungen eingeebnet; die Kirche fiel den Bomben des Zweiten Weltkriegs zum Opfer; Bachs Gebeine wurden schließlich in der Thomaskirche beigesetzt. Viele der wunderbaren Grabdenkmäler des Barock, Klassizismus und Historismus verschwanden im Laufe der Jahre. Heute ist der Friedhof eine unter Denkmalschutz stehende museale Parkanlage, die auch Grabdenkmale des zu DDR-Zeiten säkularisierten Neuen Johannisfriedhofes beherbergt.

Was wäre ein Dorf ohne Kirche?

Leipzigs altdörfliche Kirchen

—

VON MARTIN HENKER

Gnadenkirche

Andreaskapelle

Ein Kleinod in der Leipziger Kirchenlandschaft ist eine ganze Anzahl erhalten gebliebener alter Gotteshäuser. Es sind die »Dorfkirchen« der ehemals selbständigen umliegenden Orte, die längst nach Leipzig eingemeindet und urban überbaut wurden. Dank der Möglichkeiten nach der Wiedervereinigung Deutschlands und einem riesigen Engagement der Kirchgemeinden sind diese Kirchen heute alle wunderbar restauriert. Einige der Gotteshäuser seien hier kurz vorgestellt:

Andreaskapelle
in Leipzig-Knautnaundorf

Die Kirche in Knautnaundorf entstand um 1100 als romanische Rundkapelle mit Apsis. Ende des 15. Jahrhunderts erweiterte man sie durch einen spätgotischen Chor, wovon noch die Sakramentsnische zeugt. Der 1719 und 1889 erhöhte Turm wurde 1972 vom Blitz getroffen und danach ohne die neugotische Spitze restauriert. Dabei wurde die Rundkapelle nach umfangreichen Untersuchungen in ihren ursprünglichen Zustand zurückversetzt. Die 1994 fertiggestellte Rundkapelle ist mit ihrer Innenausstattung der älteste sakrale Raum in Sachsen.

▶ www.kirche-knauthain.de

Gnadenkirche
in Leipzig-Wahren

Im Zuge der deutschen Besiedlung der von Sorben bewohnten Gebiete östlich der Saale entstand um 1100 in Wahren ein Adelssitz. Bis 1200 wurde eine Pfarrkirche errichtet, die einen wohl hölzernen Vorgängerbau ersetzte. Beim Umbau in der zweiten Hälfte des 15. Jahrhunderts erhielt die Kirche ihr heutiges Erscheinungsbild: markanter Turm, erweiterter Chor, größere Fenster. Aus der Gründungszeit der Kirche stammt ein romanischer Taufstein.

▶ www.sophienkirchgemeinde.de

Christuskirche
in Leipzig-Eutritzsch

Die kleine gotische Kirche erhielt von 1489 bis 1503 ihre heutige Gestalt, als an den ca. 100 Jahre älteren Turm das Kirchenschiff angebaut wurde. Seitdem ist die Kirche ein Saalbau mit dreiseitig abgeschlossenem Chor und einem Rhomben-Netzgewölbe. Heute entspricht der Innenraum ohne die früheren Seitenemporen in etwa wieder dem Zustand um 1500. Der Marienaltar aus dem Jahr 1480 stammt aus Machern, steht seit 1960 in der Eutritzscher Kirche und wurde 2002 aufwändig restauriert.

▶ www.christuskirche-leipzig-eutritzsch.de

Immanuelkirche
in Leipzig-Probstheida

Bischof Thietmar von Merseburg veranlasste 1213 den Bau der Immanuelkirche in Probstheida. Während der Völkerschlacht im Oktober 1813 brannte sie bis auf die Grundmauern nieder. Die neue Kirche wurde im klassizistischen Stil errichtet und 1818 geweiht. Im Juli 1955 hatte sich ein Teil der Probstheidaer Kirchgemeinde unter Führung des Pfarrers Hans-Georg Rausch von der Landeskirche getrennt. Als die Abspaltung Ostern 1984 beendet werden konnte, war die Immanuelkirche in einem jämmerlichen äußeren Zustand. Dank des großen Engagements des Fördervereins »Immanuel e. V.« konnte die vollständig renovierte Kirche im Jahre 2009 geweiht werden. In der bemerkenswerten Gestaltung des Innenraumes wird der klassizistische Charakter des Kirchenraumes wieder betont. Altar, Taufe und Lesepult schuf der Leipziger Künstler Markus Zink.

▶ www.kirchenquartett.de

Apostelkirche
in Leipzig-Großzschocher

1217 wurde dem Thomaskloster das Patronatsrecht über die Kirche von Großzschocher und Windorf übertragen. Aus jener Zeit stammt der Turmchor mit romanischen Bögen. Der gotische Chorraum wurde 1450 angebaut. Sehenswert sind die zweigeschossige Patronatsloge, der Barockaltar, die Kanzel (1696) und Epitaphe aus dem 16. bis 18. Jahrhundert. 1995 wurde die Apostelkirche renoviert.

▶ www.apostelkirche-leipzig.de

Kirche Hohen Thekla
in Leipzig-Thekla

Seit dem 12. Jahrhundert steht die romanische Feldsteinkirche auf dem Theklaer Kirchberg und erhielt dadurch ihren bis heute gebräuchlichen Namen. Im Dreißigjährigen Krieg verfiel die Kirche. Es dauerte nach Kriegsende über ein Jahrzehnt, bis ihre Erneuerung abgeschlossen war. Drei in den Kirchturmputz eingemauerte Kanonenkugeln erinnern daran, dass die Kirche während der Völkerschlacht 1813 als Beobachtungsstandort diente. In der Nacht vom 29. auf den 30. Januar 1959 wurde die Kirche Opfer einer Brandstiftung. Sie brannte bis auf die Grundmauern nieder. Am 7. Oktober 1962 feierte die Gemeinde in ihrer wiederaufgebauten Kirche den ersten Gottesdienst. Zum 50. Jahrestag der Wiedereinweihung am 7. Oktober 2012 wurde die Altargestaltung durch ein Werk des Leipziger Künstlers Matthias Klemm als Altarbild abgeschlossen.

▶ www.matthaeusgemeinde-leipzig.de

Impressum

AXEL FREY
Herausgeber und
verantwortlicher
Redakteur

MARTIN HENKER
Herausgeber

PETER MATZKE
Herausgeber

ANDREAS SCHMIDT
Herausgeber

www.luther2017.de

**LEIPZIG
ORTE DER REFORMATION**
Journal 15

Herausgegeben von
Axel Frey, Martin Henker, Peter
Matzke und Andreas Schmidt

Die Deutsche Bibliothek ver-
zeichnet diese Publikation in der
Deutschen Nationalbibliographie;
detaillierte bibliographische
Daten sind im Internet über
http://dnb.ddb.de abrufbar.

© 2014 by Evangelische
Verlagsanstalt GmbH · Leipzig
Printed in Germany · H 7767

IDEE ZUR JOURNALSERIE
Thomas Maess, Publizist,
und Johannes Schilling,
Reformationshistoriker

**GRUNDKONZEPTION
DER JOURNALE**
Burkhard Weitz,
chrismon-Redakteur

COVERENTWURF
NORDSONNE IDENTITY, Berlin

COVERBILD
Andreas Schmidt

LAYOUT
NORDSONNE IDENTITY, Berlin

BILDREDAKTION
Axel Frey

ISBN 978-3-374-03737-7
www.eva-leipzig.de

Mit der reich bebilderten Journalreihe *»Orte der Reformation«* laden wir Sie ein, sich zum 500-jährigen Jubiläum der Reformation auf die Spurensuche dieses großen weltgeschichtlichen Ereignisses zu begeben. Jährlich erscheinen vier bis fünf neue Hefte, die wichtige Orte, Personen und Ereignisse unterhaltsam vorstellen.

DRESDEN
Orte der Reformation | 11
96 Seiten | 22 x 28 cm
zahlreiche Abb. | Journal
ISBN 978-3-374-03728-5
EUR 9,90 [D]

ERFURT
Orte der Reformation | 3
80 Seiten | 22 x 28 cm
zahlreiche Abb. | Journal
ISBN 978-3-374-03000-2
EUR 9,90 [D]

EVANGELISCHE VERLAGSANSTALT
Leipzig www.eva-leipzig.de

Bestell-Tel. 03 41 7 11 41 16 | vertrieb@eva-leipzig.de

Bildnachweis

Auerbachs Keller: S. 41
Josef Beck: S. 60
Bromme-Gesellschaft Leipzig: S. 29
Christoph Busse: S. 6/7, 28/29
Diakonisches Werk Leipzig e.V.: S. 74 u.
Hans Engel: S. 77
Ev. Diakonissenkrankenhaus Leipzig:
S. 75 o.
Ev.-luth. Kirchenbezirk Leipzig: S. 74 l.
Gosenschenke: S. 10 o.
Gustav-Adolf-Werk e.V.: S. 75 l.
Leipziger Missionswerk: S. 74 o.
Messe Leipzig: S. 32
Martin Naumann: S. 72
NORDSONNE IDENTITY: S. 14/15
Sax-Verlag: S. 54 u.
Andreas Schmidt: S. 4/5, 8/9, 10, 11,

12/13, 15, 16, 17, 18, 19 o., 20, 21, 33,
45, 49 u., 52, 53 l., 54 o., 55, 56/57, 61,
63, 64, 65, 73, S. 75 r., 78, 79
Stadt Leipzig: S. 1
Stadtgeschichtliches Museum
Leipzig: S. 22, 23, 24, 25, 26, 31, 34,
35, 37, 38, 42, 43 u., 46, 48 r., 49 o.,
51, 53 o. r., 58, 59
Fritz Tacke: S. 68, 69, 70, 71
Thomanerchor, Gerth Mothes:
S. 62, 77
St. Trinitatis: S. 66
Universitätsbibliothek Leipzig:
S. 36, 43 o., 48 l.
Helge Voigt: S. 76
Archiv Weinkauf: S. 19 u., 44, 67, 72 u.
Wikipedia: S. 39, 47